# 코칭에센스

COACHING ESSENCE

조성진 저

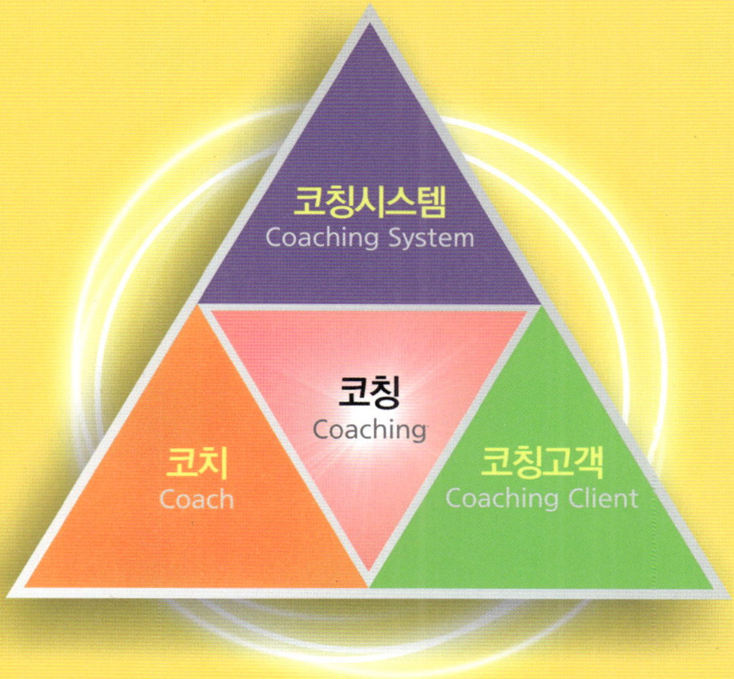


양 성 원

# 서문

코칭(Coaching)이 국내에 도입된 지 이십여 년이 다 되어 갑니다. 다행스럽게도 그 초창기부터 코칭을 만났고, 수많은 전문코치를 양성했으며, 대학과 대학원 그리고 직장인과 일반인들에게도 코칭을 가르치고 있습니다. 돌이켜 보면, 참 감사하고 즐거운 시간이었습니다. 그러면서 코칭의 힘을 날마다 실감하고 있습니다. 하지만 '사람을 살리고, 세상을 바꾸는 것이 코칭이다'라는 생각이 드는 순간 살짝 겁이 나기도 했습니다. 제대로 해야 한다는 의무감과 꼼꼼하게 가르쳐야 한다는 사명감이 들었기 때문입니다.

코칭은 궁극적으로 한 사람의 영혼을 다루고, 조직의 힘과 역동성을 키우는 귀한 일입니다. 그래서 사람과 조직에 관한 관심과 사랑이 바탕이 되어야 합니다. 코칭은 순간을 넘기는 잔재주를 키우는 것이 아니고, '생각하는 힘'을 키우는 과정이어서 인내심과 기다림이 꼭 필요합니다. 코칭은 단순한 문제해결을 넘어 한 사람이 가능성과 잠재력을 발휘하도록 돕는 의미 있는 여정입니다. 그래서 코칭 프로그램은 철학이 바탕이 되어야 하고, 기초가 튼튼해야 하며, 다양한 방법으로 검증되어야 합니다. 이 책은 이런 것들에 관해 그동안 제가 고민한 결과를 잘 섞은 산물입니다.

이 책은 코칭을 배우길 희망하는 사람들이나 전문코치들이 코칭을 진행하는 데 있어 꼭 필요한 것들 가운데 핵심이 되는 것들을 간추린 것입니다. 지난 20여 년 동안, 학습하고 경험한 것들을 씨줄과 날줄로 엮어 보았습니다. 코칭을 처음 접하는 독자들에게는 쉬운 지침서 역할을 할 것이고, 코치가 되길 원하는 분들에게는 제대로 된 파트너가 될 것입니다. 전문코치들에게는 현장에서 코칭을 적용하는 데 무엇이 바탕이 되어야 하는지를 되새기는 기회를 제공할 것입니다. 그리고 코칭을 가르치거나 코치를 기르고자 하는 분들에게는 핵심만을 정리한 간결한 교과서가 될 것입니다. 하지만 제 경험과 식견이 짧아 미처 밝히지 못했거나 알지 못한 것들은 훗날에 저술하실 분들의 몫으로 남겨둡니다.

수많은 분의 도움이 제게 큰 힘이 되었습니다. 은사님들, 함께 코칭의 길을 걸으며 영감을 준 선배 · 동료 · 후배 전문코치님들, 기도와 관심으로 후원하시는 가족들, 지원과 배려를 아끼지 않으신 양성원 강철원 대표이사님, 목일수 부사장님, 최종대 상무님과 직원들, 저와 함께 코칭을 진행하며 리더로서 성장하고 있는 많은 코칭 고객들과 대학생들, 그리고 이 책을 활용하여 코칭을 가르치실 선생님들과 교수님들께 깊은 감사를 드립니다. 온 백성이 행복해지는 그날까지 여러분과 동행하겠습니다. 코칭은 행복한 동행입니다. 감사합니다.

2019년 여름에

저자 드림

# 코칭에센스 여정

**코칭 이해**

코칭의 환경/역사/정의/철학/
구성 요인/특징/효과

**핵심 코칭 스킬**

경청/질문/피드백

**코칭 대화 프로세스**

iCAN 전략적 모델
단계별 점검 포인트

**코칭 프로세스 코칭 스타일**

3단계 코칭 주기
코칭 스타일

**프로 코치 되기**

실행 계획 수립
인증자격 안내

**코칭 마이크로 트레이닝**

동료/그룹 코칭 실습
코칭 슈퍼비전

# Contents

## 1 KNOWLEDGE



## SKILL 2

# ATTITUDE 3



# APPENDIX

## "코칭에센스"가 추구하는 목표

- 사회 변화와 코칭의 필요성에 대한 이해
- 사람, 관계 및 일 등에 대한 패러다임의 전환
- 코칭에 대한 기본적인 이해
- 코칭에 필요한 코칭 스킬의 습득과 실습
- 코칭을 적용하기 위한 실행 계획 수립
- 리더로서 코칭의 중요성과 가치 인식
- 삶의 질 향상과 행복 추구

♣ 코칭은 행복한 동행입니다. ♣

# KNOWLEDGE

# 1

K1. 급격한 사회 변화와 코칭

K2. 코칭의 역사

K3. 코칭의 정의 : 코칭이란 무엇인가?

K4. 코칭 철학 : P · O · W · E · R

K5. 코칭의 특징

K6. 코칭의 구성 요인 : 코칭의 구성 삼각형

K7. 코칭 모델 : ABCDE 코칭모델

K8. 코칭 효과

PLANTS

# K1

# 급격한
# 사회 변화와
# 코칭

# K11 사회 변화와 코칭

우리가 사는 시대와 사회는 어떻게 변화하고 있을까요?

아래 빈칸을 채워 볼까요?

빈칸을 채워 나가면, 엄청난 변화 속에서

살고 있다는 사실을 조금씩 깨달을 수 있을 것입니다.

30년 전에 사용되다가 사라진 것들

20년 전에 사용되다가 사라진 것들

10년 전의 제품과 기술, 서비스

최근에 새로 생긴 제품과 서비스

## 학교는 어떻게 변화하고 있나요?

여러분의 학창시절 모습은 어떠했는지

기억을 떠올려 적어 봅시다.

교실 풍경

학생들의 복장

학생들의 관심사, 소지품들

교사와 학생 사이의 관계

## 그렇다면, 지금은 어떤가요?

## 가정의 모습은 어떻게 변화하고 있나요?

여러분의 어린 시절, 가정의 모습은 어떠했는지

기억을 떠올려 적어 봅시다.

누구와 함께 살았나요?

형제자매의 수는?

가정 경제는 주로 누가 책임졌나요?

가족 간 대화는 어떠했나요?

## 그렇다면, 지금은 어떤가요?

KNOWLEDGE

## 사회의 모습은 또 어떻게 바뀌고 있나요?

여러분의 어린 시절 추억을 떠올려 적어 봅시다.

의식주 생활

이웃과의 관계

돈인가? 정(情)인가?

여성의 사회적 지위

이기주의, 금전 만능주의

스트레스

그렇다면, 지금은 어떤가요?

전부 채우셨나요?

여러분들이 앞으로 과정을 진행하면서 이 부분을

수시로 들여다볼 것을 권합니다.

여러분을 둘러싼 다양한 변화를 아는 것과

다른 사람에 관한 관심에서부터

코칭이 시작되기 때문이에요.

앞에서 살펴본 것들 가운데 여러분이 생각하기에

가장 인상적인 것 5가지를 골라 적어 봅시다.

1.

2.

3.

4.

5.

# K12 기업 경영과 코칭

시대와 사회가 급격하게 변화함에 따라 기업도 바뀌고 있다. 주어진 기간 내에 모든 것을 적절하게 바꾸어서 환경 변화에 신속하게 대응하지 않으면 시장에서 살아남을 수 없는 지경에 이르렀다.

오늘날 기업들은 대개 정보기술의 급격한 발달로 인한 디지털digital revolution 혁명을 경험했고, 글로벌global 환경 속에서 활동하고 있다. 그 결과 적어도 비즈니스에 관한 한 국가 간 경계나 산업 간 장벽은 의미가 없는 시대가 되었다. 이런 변화 속에서 기업들은 원하는 성과를 달성해야 하고, 그들에게 밀려오는 다양한 요구에 대해 적절하고 신속하게 대응해야만 한다. 그리고 기업은 생존을 위한 최소한의 변화는 물론 소비자의 미세한 심리적 변화까지 파악해야 하는 부담을 안게 되었다. 심지어 외국 소비자의 기호와 취향의 변화 및 심리적인 부분까지 고려해야 하는 상황에 놓였다. 당연히 기업 간 경쟁은 갈수록 치열해지고 있다.

그 결과, 종전에 기준으로 삼았던 해답standard solution의 한계를 실감하게 되었다. 이런 과정에서 코칭이 의미 있는 솔루션의 하나로 주목받기 시작했다.

기업경영에 있어 사람은 가장 중요한 경쟁력의 원천이다.
특히, 어떤 조직에서든 리더Leader가
목표 달성과 관련된 중요한 역할을 수행해 왔다.
그러나 기업을 둘러싼 환경과 여건의 변화로 인해 리더는
새로운 과제를 떠안게 되었다.

어떤 조직이든 리더가 자신의 역할을 잘 실행하는 것은 중요한 일이다. 리더가 구성원들의 역량, 감성 그리고 열정을 최상의 수준으로 유지하도록 지원한다면 원하는 결과를 얻을 수 있다. 그러나 그렇지 않다면 엉뚱한 결과를 초래할 수밖에 없다. 그래서 점차 리더의 중요성이 강조되었고, 리더십이 조직 경쟁력의 핵심 원천이 되었다.

그런데 이제는 종전에 활용하던 낡은 방법으로는 리더십을 발휘할 수 없는 시대가 되었다. 강한 카리스마, 저돌적인 추진력, '안되면 되게 하라'는 정신이 중요시되던 시대는 지나갔다. 믿음, 인정, 부드러움, 겸손, 배려, 협력, 경청 등이 새롭게 떠오르기 시작하였다. 따라서 리더가 자신이 속한 조직을 원하는 방향으로 이끌어 가고자 한다면, 새로운 무언가를 추가로 학습하고 수행해야 할 필요성이 생겼다.

이처럼 리더의 역할 변화에 대한 요구가 증가했고, 리더십 자체를 바라보는 패러다임도 변화하기에 이르렀다. 이런 흐름에 맞추어 가장 적절하고 효과적인 방법의 하나로 등장한 것이 코칭이다.

종전에 사용되던 해답standard solution의 한계를
실감하는 과정에서 코칭이 주목받기 시작했다.

KNOWLEDGE

조직은 목적을 달성하기 위해 구성원들끼리 서로 협력하고 의사소통을 하면서 적절한 일을 추진해 간다. 이때 중요한 것이 의사소통 방식이다.

어떤 조직이든 자신들의 목적을 달성하는 과정에서 필요한 의사소통을 한다. 이 과정에서 예전에는 일부 상층부 사람들이 대다수 하층부 사람들을 자신의 방식대로 움직이게 함으로써 조직을 관리했다. 해결책을 가지고 있는 상사는 권력을 바탕으로 부하를 지배하는 반면, 해결책을 가지고 있지 않은 부하는 상사가 내려 주는 지시에 의존할 수밖에 없었다. 이게 상명하복上命下服이다.

그런데 이제는 상황이 바뀌었다. 소비자들이 원하는 바를 얼마나 효율적으로 도출하고 파악하느냐가 기업의 성패를 좌우하는 지상과제가 되었기 때문에 조직 내 인간관계도 그에 맞추어 바뀌어야만 했다. 그래서 상사와 부하가 같이 일하면서 마음과 힘을 합하는 것이 무엇보다 중요해졌다. 즉, 상사와 부하는 종속적인 상하 관계가 아닌 수평적인 차원에서 파트너가 되는 시대가 되었다. 이런 협동적인 인간관계가 바탕이 된 의사소통은 상사가 부하에게 질문을 던지고 부하가 그 질문에 대답하는 이른바 쌍방향two-way으로 진행될 때 비로소 원활하게 진행된다.

의사소통 방식에 있어 혁신적인 변화가 필요한 시대가 되었다. 그것을 구체적으로 돕는 방식의 하나로 최근 들어 주목을 받는 것이 코칭이다.

시대 변화에 발맞추어

리더십leadership 패러다임과

의사소통communication 방식의

혁신적인 변화 요구에 부응하는

의미 있는 솔루션 중의 하나로

탄생한 것이 코칭이다.

새로운 리더십에 대한 갈망과

삶의 질 향상 및 행복 추구 등으로 인해

최근 들어 코칭이 더욱 주목을 받고 있다.

## Coaching Game 1 "코칭 탑 쌓기(1)"



⇨ 이 게임을 통해 느낀 것은 무엇인가요?

1.

2.

3.

# Coaching Game 2 “코칭 탑 쌓기(2)”

⇨ 이 게임을 통해 ‘새롭게’ 느낀 것은 무엇인가요?

1.

2.

3.

# K2

# 코칭의 역사

K21

# 코칭의 역사

"언제부터 코치라는 말이 사용되기 시작했는가?"

1500년대, 영어에서 코치라는 말이 특정한 종류의 마차(馬車)를 지칭하기 위해 가장 처음 사용되었다(에버레드Evered & 셀먼Selman, 1989)

☞ 코치 : 네 마리 말이 끄는 마차

1840년대, 코치라는 단어가 사람을 지칭하는 말로 가장 처음으로 사용되었다. 영국 옥스퍼드대학에서는 코치가 학생들의 시험 준비를 도와주는 개인 과외 선생을 지칭하기 위해 사용되었다(에버레드 & 셀먼, 1989).

1888년, 코치라는 단어가 스포츠 영역에서 처음 사용된 것은 보트 경기에서 이기기 위해 팀을 훈련시키면서 사용된 데서 비롯된다(에버레드 & 셀먼, 1989).

**1980년대, 스포츠 영역에서 주로 적용되던 접근방법이 비즈니스 영역에 접목되면서 코칭으로 명명되었다**(비키 브룩 Vikki G. Erock, 2012).

이때부터 영국과 미국에서는 개인 및 비즈니스 코칭 서비스를 제공하는 회사가 설립되었다. 그리고 스포츠 분야의 코치들과 비즈니스 분야에 속한 사람들이 범凡 학문적 차원에서 코칭의 기본 원리를 제안하였다. 한편, 미국과 유럽에서는 최초의 전문 코칭 훈련기관이 설립되었다.

코치가 직업의 한 형태로서 경영 분야와 일반인의 삶의 영역으로 진입하게 된 효시는 토마스 레너드Thomas J. Leonard라고 보는 것이 일반적인 견해이다.

1980년대 초반, 재무설계사로 일하던 그는 자신의 고객들이 어떤 자동차를 언제 구매하는 것이 좋은지, 언제까지 몇 명의 아이를 가질 것인지, 어디로 휴가를 가는 것이 좋은지, 언제 은퇴하여 어떤 삶을 누릴 것인지 등의 이슈를 해결하는 데 도움을 주기 시작했다. 레너드의 고객들은 그와 대화하면서 보다 나은 미래를 계획할 수 있었고, 자신이 진정으로 원하는 것이 무엇인지를 깨닫기 시작했다. 이처럼 당시 사람들은 그와 얘기하면서 다른 누구와도 쉽게 얘기할 수 없는 주제들을 해결하는 데 많은 도움을 받았다. 그리고 그에 대한 신뢰가 쌓여갈수록 사람들은 자신의 인생에서 원하는 것을 이루어나갔다. 그러던 중 한 사람이 자신과 레너드와의 관계가 마치 코치와 선수 간의 관계와 비슷하다고 생각했고, 그와 같은 역할을 하는 사람을 코치라고 부르자고 제안하면서 코칭은 비로소 삶의 영역에 자리 잡게 되었다.

"2000년대 초반, 한국에 코칭이 도입되었다."

2003년, 국제코칭연맹ICF, International Coach Federation 한국 챕터chapter와 사단법인 한국코치협회가 설립되었다. 그리고 이듬해인 2004년에 제1회 대한민국코치대회가 개최되면서 본격적으로 코칭이 알려지기 시작했다.

그리고 대학과 대학원에서 코칭 관련 교과목을 가르치는 과정이 개설되면서 코칭이 본격적으로 퍼져 나갔다. 나아가 2012년에는 한국표준직업분류에 비즈니스코치, 커리어코치 그리고 라이프코치가 직업으로 등재되면서 코치는 본격적인 직업으로 인정받기에 이르렀다.

# K3

# 코칭의 정의 : 코칭이란 무엇인가?

# K31

# 코칭의 정의

어떤 개념이나 기술, 또는 서비스를 제대로 이해하려면 그것에 대한 정의를 살펴보는 것이 가장 먼저 해야 할 일이다.

"그렇다면 코칭은 어떻게 정의할 수 있는가?"

## 코칭의 정의에 대한 일치된 견해는 없다.

다만, 전문코치나 코치들의 연합체(단체), 그리고 코칭을 연구하는 학자들은 자신의 경험이나 학술적인 견해에 따라 각기 다르게 정의하고 있다. 여기서 그 가운데 몇 가지 견해를 소개하면 다음과 같다.

- "인생, 경력, 비즈니스와 조직에서 뛰어난 결과를 달성할 수 있도록 도와주는 지속적이며 전문적인 관계"

  ☞ 국제코치연맹 International Coach Federation

- "코칭은 개인과 조직이 잠재력을 극대화하여 최상의 가치를 실현할 수 있도록 돕는 수평적 파트너십"

  ☞ 한국코치협회

"성과를 극대화하기 위해 묶여 있는 개인의 잠재력을 풀어 주는 것이고, 사람들이 코치의 가르침에만 의존하지 않고 스스로 배우도록 도와주는 것"

☞ 티모시 골웨이 Timothy Gallwey

"업무나 문제의 내용에 상관없이 다른 사람들의 자신감 형성을 중요한 기본 목표로 하는 개입 행위"

☞ 존 휘트모어 John Whitmore

"개인의 자아실현을 지원하는 시스템"

☞ 에노모토 히데타케 Enomoto Hidetake

"개인이나 집단을 현재 있는 지점에서 그들이 원하는 지점으로 갈 수 있도록 인도하는 기술이자 행위"

☞ 게리 콜린스 Garry R. Collins

"사람들의 관심사나 재능, 환경 그리고 잠재력에 관련하여 더 효율적으로 자신을 주도하고 관리하는 방법을 배우도록 지원하는 상호적이면서도 집중적인 훈련 방식"

☞ 이언 맥더모트 Ian McDermott & 웬디 제이고 Wendy Jago

"상호 헌신하려는 파트너십 환경 속에서, 코칭 고객의 자기인식과 행위 변화를 통해 성과를 높이고 목표를 달성함으로써 그가 계속해서 성장 · 발전하도록 지원하는 코치와 코칭 고객 사이의 쌍방향 의사소통 과정이자 관계"

☞ 조성진(2008)

앞에서 제시한 코칭에 대한 여러 가지 정의 속에 흐르는 철학, 관점 및 가치관 등을 종합하여 간략하게 코칭을 정의하면 다음과 같다.

◈ "코칭은 긍정적인 자기 충실화 과정"

"Coaching is ________________________________________"

☞ 조성진(2019)

# K4

# 코칭 철학 : P·O·W·E·R

K41

# 코칭 철학의 정의

"코칭은

단순한 의사소통 기술communication skill이

아니라 철학이다."

대개 사람들은 코칭이라 하면 기술적인technical 측면에 먼저 집중한다. 그래서 코칭은 마음만 먹으면 가볍게 배울 수 있는 간단한 것이라고 쉽게 생각한다. 그리고 될 수 있는 한 빨리 코칭 기술을 익혀 현장에서 코칭을 실제로 진행하길 원하는 경향이 있다. 물론 코칭이 하나의 기술 체계technical system인 것은 맞다. 그러나 코칭이 단순하게 기술이나 방법론approach만을 의미하는 것은 결코 아니다.

코칭은 인간관, 정신, 신념 그리고 다양한 기술이 유기적으로 어우러진 하나의 사고방식이고 신념 체계이다. 그래서 코칭은 철학이다.

"코칭 철학은 코칭을 통해 추구하고자 하는
본질적 가치이자 사람을 보는 패러다임이다."

집을 지을 때, 가장 중요한 것은 집을 지을 터를 파고, 기초를 다지는 것이다. 기초가 튼튼하지 않은 집은 잘 지을 수도 없거니와 설사 지었다 하더라도 금방 무너질 것이다. 코칭도 마찬가지이다. 코칭에 있어서 가장 중요하고 핵심적인 것은 코칭을 떠받치고 있는 철학이다. 이것이 없다면 제대로 된 코칭을 진행하기가 힘들다.

철학이란 전제가 되는 사고방식이나 사물을 보는 관점을 말한다. 전제라는 표현에서 알 수 있듯이, 코칭은 철학에서 출발한다고 해도 과언이 아니다. 그래서 어떤 코칭 프로그램의 특징을 가장 빨리 파악하려면 그것이 지향하는 코칭 철학을 확인하면 된다. 지금 시중에서 활용되고 있는 코칭(훈련) 프로그램은 저마다 바탕을 두고 있는 코칭 철학이 있다. 코칭 철학이 없는 프로그램은 안타깝지만 코칭을 제대로 이해한 것을 바탕으로 설계되었다고 보기 어렵다.

K42

# P·O·W·E·R 웰빙 코칭 철학

## 제 1 철학

"사람은 누구나
무한한 잠재력과
가능성을 가지고 있다."

사람은 원래 자신이 원하는 삶을 살아가기에 충분한 잠재력Potentiality과 가능성Possibility을 가지고 있다. 하지만 살아온 환경이나 여러 가지 경험들로 인해 자신이 가진 잠재력을 일부만 사용하거나, 두려움 등으로 인해 스스로 가능성을 잊고 살 뿐이다. 그래서 사람들은 자신을 믿어 주고 지지해 주며, 잠재력이 있다고 인정해 주는 누군가를 갈망한다.

코칭은 한 사람의 잠자고 있는 잠재력을 일깨워 주는 수단이다. 또한 사람의 내면 깊숙이 자리 잡은 잠재력을 발견하고, 평소보다 더 많은 것을 생각할 수 있도록 지원하는 것이다.

KNOWLEDGE

코치는 그렇게 살기를 원하는 사람들을 돕는 전문가이다. 특히, 고객이 문제를 해결하는 방법을 반드시 찾을 수 있다고 긍정적으로 생각하고Positive thinking, 그가 더 큰 목표를 갖도록 자극하는 것이 중요하다.

동영상에서 본 장면 가운데

가장 인상적인 점을 적어 봅시다.

1. 

2. 

3. 

만일, 자신이 이런 상황을 맞이한다면,

어떻게 할 것인지 적어 봅시다.

1. 

2. 

3. 

## 제2철학

"사람은 누구나 목적이
이끄는 삶을 살기 원하고,
최적의 선택을 하고자 한다."

모든 사람은 저마다 독특하고 특별한 존재이다. 그래서 사람은 누구나 삶의 목적Objective을 잘 알고 있으며, 날마다 목적이 이끄는 삶Objective driven life을 살기 위해 최선의 노력을 다한다. 하지만 삶이 힘겹고 어려운 것은 삶의 목적을 수시로 잊고 살기 때문이다.

대개 사람들은 자신이 사는 목적을 잘 이해하고 있다. 그래서 성장하고 발전하길 원하며, 바뀌려고 노력하는 것이다. 그런 과정에서 가끔 수단이 곧 목적인 것처럼 행동하기도 하지만, 궁극적으로 자신의 존재 가치를 깨닫는 보람찬 여정을 살아간다. 코칭은 이 과정에서 사람들이 최적의 선택Optimal Options을 하도록 효과적으로 돕는 것이다.

아래의 경우, 자신은 어떤 최적의 선택을

할 것인지 쓰고, 토의해 봅시다.



(상황 1) ________________________.

(상황 2) ________________________.

## 제3철학

> "사람은 누구나 가치 있고 훌륭한 삶을 살고자 한다."

사람은 누구나 자신이 소중하게 생각하는 가치와 신념을 지니고 있다. 그것들은 한 사람의 행동의 근거를 제공하고, 일의 우선순위를 결정하는 데 중요한 역할을 한다. 대개 일반적인 수준의 상식을 가진 사람이라면, 누구나 가치 있고Worthful 훌륭한Wonderful 삶을 살아가길 바란다. 그리고 가능하다면, 타인을 돕고 더불어 사는 삶을 살고자 한다.

코칭은 이처럼 가치 있고 훌륭한 삶을 살아가려는 사람들을 돕는 강력한 파트너십이며, 그렇게 살아가도록 돕는 창조적 파트너creative partner 코치와 함께 하는With coach 역동적인 과정이다. 어떤 사람이 스스로 자신의 문제를 해결하도록 돕는 것 역시 가치 있는Worthful 일이다. 그래서 코치와 코칭을 받는 사람 사이에는 신뢰를 바탕으로 한 강력하고 끈끈한 유대감이 형성된다.

동영상에서 본 주인공의 삶은

어떤 점에서 가치 있다고 생각하는지 적어 봅시다.

1.

2.

3.

"내가 생각하기에

나의 삶에서 이런 점은 정말 가치 있다고 생각한다."

1.

2.

3.

## 제4철학

"코치는 코칭 고객의 실행을 효과적으로 돕는다."

사람은 누구나 각자 다양한 가치와 목적을 가지고 살아가고 있다. 자신이 원하는 것을 이루는 데 도움을 주는 여러 가지 방법과 수단도 잘 알고 있다. 하지만 그 방법과 수단을 알고 있는 것만으로 자신이 원하는 삶을 살 수 있는 것은 아니다. 자신이 정말 바라는 삶을 살아갈 수 있는지에 대한 문제의 열쇠는 실행력Executive ability에 달려 있다. 자신이 바라는 삶을 살기 위해 실제로 실행Execution해야 할 것은 무엇이고, 그것을 얼마나 효과적Effective 으로 실행하느냐가 중요하다.

코칭은 문제 해결을 통해 자신이 바라는 삶을 살기를 원하는 코칭 고객의 실행력을 효과적으로 높이는 데 이바지하는 일종의 수행과정이다. 이때 코치는 코칭 고객이 어려운 상황을 해결할 수 있는 효율적Efficient인 선택을 하고, 탁월한 실행력을 갖도록 효과적Effective으로 돕는 파트너이다.

KNOWLEDGE

동영상에서 선생님은 어떤 방법으로

학생이 잘 실행할 수 있도록 도왔나요?

1.

2.

3.

만일, 자신이 이런 상황을 맞이한다면,

어떻게 할 것인지 적어 봅시다.

1.

2.

3.

## 제5철학

"코치와 코칭 고객은
서로 존중하며
책임 있게 행동한다."

코치는 코칭을 진행하는 모든 과정에 걸쳐 코칭 고객이 창조적인 존재임을 인식하고 진심으로 그를 존중Respect해야 한다. 코치는 코칭 고객이 어려움에 빠져 있다 하더라도 언젠가 스스로 해답을 찾을 수 있는 존재임을 인식하고 그를 진심으로 존중Respect해야 한다. 또한 코칭 고객이 선택한 해답과 방법도 최대한 존중Respect해 주어야 한다.

코치는 자신의 역량을 최대한 활용하여 코칭 고객을 도울 책임Responsibility이 있고, 자신이 진행하는 코칭의 전 과정을 책임 있게Responsible 수행하는 성실한 파트너가 되어야 한다. 코칭 고객도 코치를 진심으로 존중하고, 그와 함께 진행하는 모든 코칭 과정에서 책임 있는 행동을 해야 한다. 자신의 현재 상황을 바꾸려는 책임의식을 느끼지 않으면, 어떤 의미 있는 변화도 일어나지 않는다.

두 검투사는

말을 다루는 방법이 각각 어떻게 다른가요?

1.

2.

3.

이 동영상을 통해

자신이 느낀 점은 무엇인가요?

1.

2.

3.

앞서 설명한 5대 코칭 철학에서 다룬 주요 핵심 단어(한글/영어)들을 다음 표 안에 다시 정리해 봅시다.

**P**

**O**

**W**

**E**

**R**

# K5

# 코칭의 특징

K51

# 코칭의 특징

## Coaching Game 3 "두 사람의 차이점 찾기"

| 구분 | 장점 | 단점 |
|---|---|---|
| 스승(1)<br>최 상궁 | | |
| 스승(2)<br>한 상궁 | | |

KNOWLEDGE

제자를 키우는 방법에서 두 스승은 분명한 차이를 보입니다.
어떤 방법이 코칭과 더 가까울까요?

1.

2.

그렇다면 그 이유는 무엇인가요?

1.

2.

3.

4.

5.

코칭은 다음과 같은 특징을 가지고 있다.

## 1. 코칭은 낙오자를 위한 최후의 수단이 아니라 더불어 승리하기 위한 사람들을 위한 것이다.

코칭은 목표 달성을 통해 자신이 발전하는 데 관심이 많은 사람, 강한 의지를 갖고 바라는 목표를 이루려고 노력하는 사람, 학습에 대한 호기심과 겸손함을 가진 사람, 그리고 더불어 일하는 구성원들과 기쁨을 함께 나누고자 하는 사람들을 위한 것이다. 따라서 어떤 조직이나 기업에서 성과가 떨어지는 낙오자들을 관리하기 위한 수단으로 코칭을 생각하고 있다면, 원하는 결과를 얻기 어려울 것이다.

## 2. 코칭은 단순한 문제 해결 차원을 넘어 미래를 창조하는 것이다.

자기 자신과 조직을 성장시키기 위한 수단으로서 코칭을 이해하고 있을 때, 코칭은 강력한 힘을 발휘한다. 현재 상태로 그냥 머물러 있기를 바라는 사람들에게는 코칭이 정말 따분하고 골치 아픈 숙제와 같은 것일 수도 있다.

## 3. 코칭은 구성원들의 업무 성과와 개인적 발전을 통합하는 것이다.



성과에 대한 책임은 관리자가 지고, 구성원들의 역량 개발은 인사 담당 부서가 책임진다고 생각하는 조직에서는 코칭이 성과 목표 관리에 방해가 된다고 생각할 수 있다. 장기적인 관점에서 보면 결코 그렇지 않다. 코칭을 통해 개인의 업무 성과와 발전까지 함께 도모할 수 있다는 사례가 많다.

## 4. 코칭은 간헐적이 아닌 지속적인 과정이다.

어떤 조직에서 연간 성과를 평가할 때, 1년에 한두 번 정도 코칭을 진행하고 피드백을 해주는 것을 코칭이라고 오해하는 경우가 많다. 이처럼 코칭은 간헐적이고 의무적인 성과평가가 아니다. 코칭은 어떤 일들이 일어났고, 무엇이 문제이며, 다음에 무엇을 해야 하는지 등에 관한 질문과 답변을 주고받으면서 끊임없이 의사소통을 진행하는 지속적인 과정이다.

K52

# 코칭과 다른 서비스 간의 차이점

사람들은 다양한 방법을 통해 다른 사람의 심리적 안녕, 문제 해결 및 성장 등을 돕고 있다. 이런 것을 통틀어 인적 서비스human services라고 부른다. 이런 것들은 저마다 고유한 특징을 가지고 있고, 해당 분야의 교육과 훈련을 받은 전문가를 통해 진행된다.

코칭은 이런 서비스 가운데 대표적인 것으로 손꼽히는 훈련Training, 상담Counseling, 컨설팅Consulting 및 멘토링Mentoring과 많은 차이를 보인다.

이들 간의 차이점을 여러 가지 측면, 즉 고객의 심리 상태, 대상의 가능성, 이슈 해결의 주도권, 의사소통의 방향, 임파워먼트 부여 등의 관점으로 잘 살펴보면, 상대적으로 코칭의 특징을 쉽게 잘 파악할 수 있다.

# 코칭과 상담의 차이점



상담은 상담자와 내담자 사이의 의사소통 과정을 통해 문제를 이해하도록 촉진하고, 정서적으로 직면하도록 하며, 내담자의 행동을 변화시키기 위해 다양한 기법을 사용한다는 점에서 코칭과 가장 비슷하다.

그러나 다음과 같은 몇 가지 점에서 코칭과 상담은 다르다.

**<표 K5-1> 코칭과 상담의 차이점**

| 코칭 | 상담 |
|---|---|
| 긍정심리학과 연관됨 | 부정심리학과 연관됨 |
| 성취, 성과 향상, 팀 세우기, 비전 설정, 직업적 성장, 목표와 꿈에 도달하는 데 초점을 맞춤 | 문제에 초점을 맞추고, 갈등, 분노, 불안감, 우울증과 같은 감정의 문제를 다룸 |
| 목표에 도달하도록 준비시킴 | 잘못된 것을 고침 |
| 현재와 미래, 가능성, 목표 달성, 꿈을 현실로 바꾸는 것에 초점 | 과거에 일어난 문제의 원인 및 치유와 안정을 주는 데 초점 |
| 코치와 고객은 변화를 일으키기 위해 함께 작업하며 서로 평등함 | 상담자는 내담자를 다루고, 치유와 처방을 제공하는 전문가임 |
| 경청, 질문, 격려와 같은 코칭 기술을 훈련받는 것으로 가능함 | 심리학, 정신병리학, 치료요법 등 전문지식이 있어야 함 |

※ 출처 : 게리 콜린스(양형주 · 이규창 역, 2011). 30.

상담과 코칭의 주요한 차이점을 정리하면 다음과 같다.

## 사람의 심리 상태를 바라보는 관점

상담은 부정심리학에 초점을 두고, 심리적으로 건강하지 못한 사람들을 도와서 문제에서 벗어나 안정을 찾도록 돕는다. 이에 비해, 코칭은 긍정심리학Positive Psychology에 초점을 두고, 비교적 심리적으로 건강한 사람이 더 높은 수준의 성취감을 느끼도록 돕는다.

## 서비스를 받는 대상의 가능성을 바라보는 관점

상담은 현재의 문제를 일으킨 과거의 원인, 현재의 치유와 안정에 초점을 두기 때문에 내담자의 가능성에 별로 관심이 없다. 이에 비해, 코칭은 코칭 고객의 잠재력과 가능성에 초점을 두고, 그가 현재 상태를 벗어나 미래에 가고자 하는 곳을 바라보게 한다. 따라서 코칭 고객의 행동 변화와 그를 통한 현재의 성장과 미래의 발전에 많은 비중을 둔다.

## 문제(이슈) 해결의 주도권에 대한 관점

상담은 일반적으로 상담자가 주도하여 내담자의 심리상태와 행동을 수정함으로써 문제를 해결하고자 한다. 그래서 상담자는 상담을 진행할 때, 문제 해결 과정에서 필요한 권한을 내담자에게 부여하지 않는다.

코칭은 이슈issue 해결의 주도적인 권한이 전적으로 코칭 고객에게 있음을 인정하고 진행된다. 특히, 코치는 코칭 고객이 해결하길 원하는 이슈의 해답이 코칭 고객 자신에게 있다고 생각하고, 그에게 주도권을 준다. 그래서 코치는 코칭 고객이 스스로 자신의 이슈를 해결할 수 있다는 자신감을 가지도록 다양한 방법을 통해 격려하고 지지해 준다.

## 코칭과 컨설팅의 차이점

일반적으로 컨설팅은 특정 분야의 전문적인 지식을 지닌 컨설턴트가 주도적인 위치에서 개인이나 조직에 나타난 여러 가지 현상들과 문제점을 관찰하고 진단한 후, 해결책을 제시해 준다.

따라서 컨설팅에서는 의뢰인이 지닌 능력보다 컨설턴트가 가지고 있는 지식, 경험, 견해 등에 따라 컨설팅의 성패가 좌우되는 것이 일반적인 현상이다.

이에 비해, 코칭은 코칭 고객이 자신의 이슈를 새로운 시각에서 바라보고, 그것에 기초하여 스스로 해결책을 발견하며 실행하도록 지원하는 것에 집중한다.

이때 코치는 코칭 고객이 스스로 판단하고 결정하라고 자극할 뿐, 충고와 비판을 하지 않고 해답을 제시하지도 않는다. 그러므로 코치는 반드시 코칭 고객의 이슈와 관련된 분야의 전문가일 필요가 없다.

## 의사소통 방향과 임파워먼트 관점

컨설팅에서 의사소통은 컨설턴트와 의뢰인이 대등하고 수평적인 관계에서 진행되는 쌍방향 의사소통two-way communication이라기보다 컨설턴트가 해결책을 찾기 위해 의뢰인에게 궁금한 점을 묻고 의뢰인이 대답하는 일방적인one-way 대화라고 볼 수 있다.

이에 비해, 코칭은 코치와 코칭 고객 사이에 형성된 신뢰 관계를 바탕으로 코칭 고객이 자신의 이슈를 해결하도록 그에게 주도적인 권한을 부여하고empowerment, 격려한다는 점에서 컨설팅과 크게 다르다.

이때 코치는 코칭 고객에게 동기, 태도, 사고 및 문제 해결 방식 등에 대한 권한을 충분히 부여하고empowerment, 대등하고 수평적인 관계를 바탕으로 쌍방향 의사소통을 지향한다는 점에서 컨설팅과 큰 차이가 있다.

## 코칭과 멘토링의 차이점

일반적으로 멘토Mentor는 역할 모델을 제시하고, 특별한 프로젝트를 꼼꼼하게 감독하며, 개인적인 도움을 주는 사람이다. 그는 대개 해당 영역에서 숙련된 경험과 의미 있는 성과를 바탕으로 권위를 얻은 사람이다.

멘토링은 학습자인 멘티Mentee가 멘토의 기술, 정보, 시각과 삶의 지혜를 그대로 닮아 가도록 만드는 일에 초점을 둔다. 그래서 멘토와 멘티 사이에는 주로 일방적인 의사소통이 진행되고, 멘티에게 문제 해결을 위한 권한이 전적으로 위임된다고 보기 힘들다.

이에 비해, 코칭은 코칭 고객 스스로 자신의 참모습을 발견하고, 그것을 계발하도록 지원할 뿐, 의도적으로 코치를 닮도록 하지 않는다. 오히려 코칭 고객이 주도적으로 자신의 이슈를 해결하도록 모든 권한을 부여한다. 그리고 스스로 해결책을 발견할 때까지 코칭 고객을 충분히 지지하고 인정하며 기다려 준다.

앞에서 설명한 상담, 컨설팅, 멘토링과 코칭의 주요한 특징을 한번 정리해 봅시다.

| | |
|---|---|
| 상담 | |
| 컨설팅 | |
| 멘토링 | |
| 코칭 | |

**<표 K5-2> 코칭과 다른 인적 서비스 간의 비교**

| 구분 | 코칭 (Coaching) | 상담 (Counseling) | 컨설팅 (Consulting) | 멘토링 (Mentoring) | 훈련 (Training) |
|---|---|---|---|---|---|
| 참가 인원수 | 1 : 1 | 1 : 1 | 1(다수) : 1(다수) | 1 : 1 | 1 : 다수 |
| 참가자에 대한 인식 | 성장과 발전의 주체 | 치료(치유)의 대상 | 문제 해결의 대상 | 노하우 전수의 대상 | 교재 전달의 대상 |
| 참가자의 자발성 정도 | 자발적, 능동적 | 수동적 | 수동적 | 수동적 | 수동적 또는 참여적 |
| 참가자와 전문가의 관계 | 수평적(파트너십) | 수직적 | 수직적 또는 수평적 | 수직적 | 수직적 |
| 전문가의 개입 | 최소의 개입 | 깊숙한 개입 | 부분 개입 | 깊숙한 개입 | 깊숙한 개입 |
| 문제 해결 주체 | 코칭 고객 | 상담자 | 컨설턴트 | 멘토 | 훈련 강사 |
| 문제 해결 방식 | 해결책 발견 지원 | 해결책 제시 | 해결책 제시 | 해결책 제시 | 해결책 제시 |
| 주목하는 시점 | 현재와 미래 | 과거와 현재 | 과거와 현재 | 현재 | 현재 |
| 임파워먼트 정도 | 최고 수준 | 부분적 | 없음 | 없음 | 없음 |
| 커뮤니케이션의 방향성 | 쌍방향 커뮤니케이션 | 주로 일방향 커뮤니케이션 | 주로 일방향 커뮤니케이션 | 주로 일방향 커뮤니케이션 | 주로 일방향 커뮤니케이션 |
| 고객의 리더십에 대한 관점 | 아주 많음 | 거의 없음 | 거의 없음 | 일부 있음 | 일부 있음 |

출처 : 조성진(2008), 조성진(2013)을 중심으로 저자가 재정리함.

# K6

# 코칭의 구성 요인 : 코칭의 구성 삼각형

K61

# 코칭의 구성 삼각형

"코칭은 코칭 고객, 코치 및
코칭 시스템의 집합체이다." (2주체 + 1객체)

코칭은 코칭 고객Coaching client, 코치Coach 및 코칭 시스템Coaching system이 유기적으로 뭉쳐져 있는 복합체이다. 이 세 가지는 코칭을 구성하는 핵심적인 요인factor으로서, 서로 유기적으로 결합, 작용하여 코칭 효과를 만들어 낸다. 이 세 가지 요인을 코칭의 구성 3요인 또는 코칭의 구성 삼각형construction triangle of coaching이라고 한다.

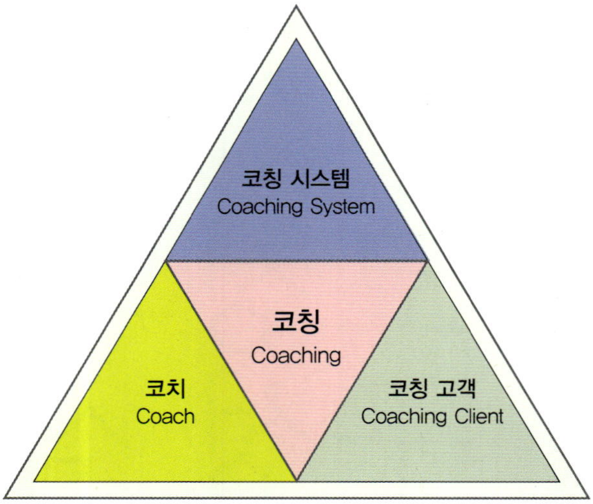


**[그림 k6-1]** 코칭의 구성 3요인(코칭의 구성 삼각형, 조성진, 2008) ©

# K62 코칭 고객



코칭 고객client received coaching services은 코칭을 받는 사람이다. 특히, 코칭이라는 인적 서비스human service를 받는다는 점을 강조하는 차원에서 이렇게 표현한다. 그리고 이 표현에는 코칭을 진행할 때, 코칭 고객이 바라는 목표를 효과적으로 달성하도록 코치가 최상의 서비스와 헌신을 제공한다는 의미가 포함되어 있다.

코칭에서는 코칭 고객이 주체로서 코치와 함께 코칭의 전全 과정을 함께 진행한다. 여기서 주체라는 표현은 코칭 고객과 코치 사이에 흐르는 역동적인 에너지가 수평적으로 상호작용해야만 서로가 바라는 결과를 얻을 수 있다는 뜻을 포함하고 있다. 따라서 코칭에서는 코칭 고객과 코치 사이의 원만한 파트너십partnership이 중요하다.

현재 우리나라에서는 코칭을 받는 대상을 '코칭 고객', '코치이coachee', '고객' 등 여러 가지 용어로 표현하고 있다. 하지만 앞에서 설명한 이유로 코칭 고객(줄여서 '고객')이라는 표현이 적절하다. 일부에서 '피코치자', '피코치'라는 표현을 사용하고 있으나, 이것은 적절하지 않다.

# K63 코치의 정의

"코치coach는 코칭 고객에게 코칭 서비스를 제공하는 사람"

코치의 정의에 대한 일치된 견해는 없다. 다만, 전문코치나 학자들에 따라 각기 다르게 정의하고 있다. 그 가운데 몇 가지 견해를 소개하면 다음과 같다.

- "코치는 다른 사람을 안내하여 역량을 증대시키고, 더 깊이 헌신하게 하며, 자신감을 키우도록 훈련받고 헌신하는 사람이다." ☞ 프레드릭 허드슨Fredrik F. Hrudson

- "코치는 고객이 어떻게 하면 일과 삶의 다른 부분에서 자신이 바라는 변화를 얻을 수 있을지 발견하도록 돕는 전문가이다." ☞ 이언 맥더모트Ian McDermott & 웬디 제이고Wendy Jago

- "코치는 사람들이 가진 가장 고귀한 인간적 열망을 실현하도록 사람들의 비전, 거취에 영향을 주는 사람이다." ☞ 로버트 하그로브 Robert Hargrove

- "코치는 좋은 성품과 역량을 갖춘 전문가로서, 적절한 교육과 훈련을 받고, 코칭 고객이 바라는 것을 이루어 가도록 지원하고 헌신하는 사람이다." ☞ 조성진(2008)

요약하면, 코치는 다양한 경험, 이론적 틀 그리고 특유의 자질과 인품이 적절하게 조합된 사람으로서, 코칭 고객의 관점에서 생각하고 그와 함께 호흡하면서 코칭을 진행하는 사람이다. 그리고 신뢰와 인내를 바탕으로 코칭 고객과 소통하고, 코칭 고객이 스스로 새로운 관점에서 돌아보도록 돕는 전문가이다.

K64

# 코치의 역할

## 1 코치는 코칭 고객 자신을 주의 깊게 살펴보도록 격려하고, 지지해 준다.

코치는 고객을 격려하여 그가 지향하는 핵심 가치, 기본적인 신념, 가슴 깊이 간직된 강점 및 지속적인 관계 등 그의 삶을 든든하게 지켜주며 안정적인 기반을 제공하는 윤리적 원칙을 주의 깊게 살펴보게 한다.

## 2 코치는 코칭 고객이 변화를 수용하고, 그를 격려하여 변화를 일으키도록 돕는다.

코치는 코칭 고객이 변화하는 과정에서 생기는 저항과 장애물을 극복하고, 스스로 자신을 개발시키는 기술을 익혀서 바라는 목표를 이루도록 돕는다.

## 3 코치는 코칭 고객이 목표 달성을 위한 중요한 결정을 내리고, 방법을 세우는 것을 돕는다.

코치는 코칭 고객이 바라는 것을 이루는 데 필요한 새롭고 구체적인 대안들을 찾고, 그것을 실행하는 방법을 세우도록 돕는 강력한 촉진자facilitator이다.

## 4 코치는 코칭 고객의 일, 가정, 삶 그리고 세계를 의미 있게 개선하도록 돕는다.

코치는 코칭 고객의 변화하려는 동기motivation와 의지will에 불을 지피고, 바라는 것을 성취하도록 도움으로써 코칭 고객의 일과 삶에서 의미 있는 진전을 이루고, 나아가 행복한 삶을 누리도록 돕는다.

## 5 코치는 코칭 고객의 인간다움과 인간성을 발견하도록 돕는다.

코치는 코칭 고객이 자신에게 주어진 다양한 요구에 부응하고, 동시에 자신의 고유함과 인간으로서의 존재 가치를 다시 깨달아 가장 고귀한 인간적 목표와 포부를 추구하도록 돕는다.

## 6 코치는 코칭 고객이 이슈의 해결책을 찾기 위해 깊이 생각하도록 돕는다.

코치는 코칭 고객의 생각을 자극하고, 그것을 객관적으로 들어주며, 이슈를 해결하는 대안들을 찾도록 돕는 사고 파트너thinking partner이다.

# K65 코칭 시스템

코칭 시스템coaching system은 코칭에 필요한 요소들elements의 집합체이다. 즉, 코칭 고객의 이슈를 해결하기 위해 상호작용하는 부분의 집합이다. 코칭 시스템을 구성하는 각각의 요소들은 하나의 시스템 아래 상호작용하면서 서로 피드백을 주고받고, 영향을 주고받는다.

각각의 요소에 대해서는 다음 절과 장에서 구체적으로 설명할 것이고, 여기에서는 코칭 모델coaching model과 코칭 대화 프로세스coaching conversation process가 같은 것으로 인식하는 오류를 범하지 않도록 주의해야 한다는 점을 강조하고 싶다.

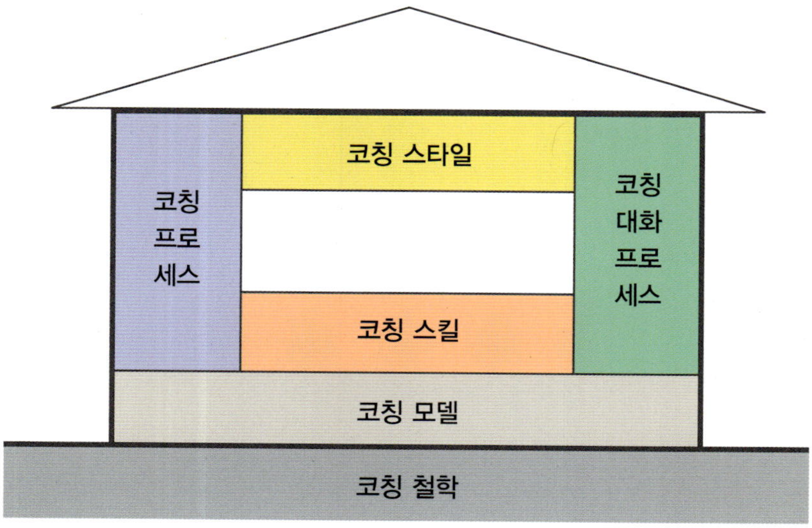


[그림 k6-2] 코칭 시스템의 6요소(조성진, 2015) ©

## Coaching Game 4 "코칭의 구성 삼각형 설명하기"

- 두 사람이 서로 학습 파트너가 된다.
- 먼저, 각자 '코칭의 구성 삼각형'에 대해 복습한다.
- 자신이 이해한 내용을 학습파트너에게 설명한다.
- 잘 가르쳐 준 학습 파트너에게 감사의 인사를 한다.

◈ 이 게임을 통해 느낀 것은 무엇인가요?

1.

2.

3.

# K7

# 코칭 모델: ABCDE 코칭모델

K71

# 코칭 모델의 정의

"코칭 모델은 코칭에서 지향하는

핵심 가치들의 조합이다."

코칭 모델은 넓은 의미에서 코칭 철학을 바탕으로 코칭의 근간根幹이 되는 핵심 가치들core values의 조합이다. 이것은 코칭의 정체성을 말하는 것이고, 다른 것과 구분 짓는 코칭만의 고유한 스펙트럼과 독특한 색채를 말한다.

한편, 좁은 의미에서 코칭 모델은 현재 활용되는 코칭 프로그램에서 강조하는 가치들의 조합을 이르기도 한다. 게리 콜린스Garry Collins는 코칭 모델을 코칭 고객과 코치들에게 코칭 여정을 안내하는 유용한 표지판이나 지도와 같은 것이라고 말했다.

따라서 어떤 코칭 프로그램의 성격이나 정체성을 제대로 알기 위해서는 그것이 지향하고 있는 가치들의 조합인 코칭 모델이 무엇인지 확인하면 된다. 이때 주의할 것은 앞에서 잠깐 설명했듯이, 코칭 모델과 코칭 대화 프로세스 모델을 혼동하지 말아야 한다는 점이다.

코치는 코칭 모델을 확인한 후에 자신이 배우거나 활용할 코칭 프로그램을 선택하면 된다. 즉, 코치는 자신이 동의하는 가치들로 구성된 코칭 프로그램을 선택하여 활용하면 된다. 달리 말하면, 어떤 코칭 프로그램에서 강조하는 가치들이 없다면, 그것은 프로그램의 정체성이 없는 것과 같다.

한편, 코칭 프로그램을 개발할 때는 코칭 모델에 대한 개발자의 생각과 의견을 먼저 정리하는 과정이 꼭 필요하다. 즉, 코칭 프로그램 개발자는 자신이 강조하는 가치들을 바탕으로 개발하고자 하는 코칭 프로그램의 뼈대를 만드는 것이다. 거기에 살을 붙이면 코칭 프로그램이 완성되는 것이다.

# K72 ABCDE 코칭 모델

파워웰빙P·O·W·E·R Wellbeing 코칭 프로그램의 바탕이 되는 다섯 가지 핵심 가치들을 통틀어 ABCDE 코칭 모델 또는 코칭의 가치 오각형Value pentagon of Coaching이라 부른다.

다섯 가지 핵심 가치는 자각, 행위, 의사소통, 성장 그리고 권한 위임이다. 그것들을 하나씩 살펴보면 다음과 같다.

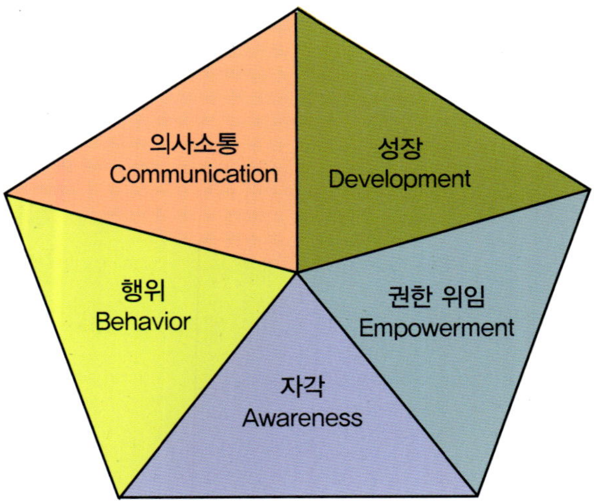


[그림 K7-1] ABCDE 코칭 모델(코칭의 가치 오각형, 조성진, 2015) ©

## 자각

### Awareness

코칭에서 코치가 해야 할 일은 코칭 고객이 깊이 생각함으로써 자신이 누구이고, 처한 상황이 어떠하며, 해결해야 할 이슈의 핵심이 무엇인지를 깨닫도록Awareness 돕는 것이다. 이런 자각Awareness을 통해 자율적 창조Autonomous creation의 기반이 형성되고, 진전Advance이 일어나는 실마리가 생긴다.

## 행위

### Behavior

사람들이 코칭을 받기 원하는 것은 행위Behavior를 통해 무엇인가를 얻게 되리라고 기대하기 때문이다. 그런데 예전과 똑같이 행동한다면, 어떤 것도 바뀌지 않고, 해결되길 바라는 이슈도 해결하기 어렵다. 따라서 무언가를 성취하려면, 반드시 변화가 전제되어야 하고, 이 변화는 행위Behavior와 직결되어 있다. 바람직한 행위들이 긍정적인 차원에서 반복될 때, 자신과 타인에 대한 믿음Belief이 생긴다.

## 의사소통

### Communication

의사소통이 잘 되려면, 의미를 전달하려는 사람의 뜻과 의미가 잘 전달Communicate되고, 듣는 사람은 그것을 잘 이해Comprehension해야 한다. 코칭 고객과 코치 사이에서도 마찬가지이다. 두 사람은 언어적 · 비언어적 메시지를 주고받으면서 공감대Consensus를 형성하고, 해결책을 찾기 위한 창의적 발상Creation 과정에 동참한다.

## 성장

### Development

코칭은 성장을 지향하는 프로세스이다. 즉, 코칭은 코칭 고객이 단순한 이슈 해결 차원을 넘어 자신의 미래를 창조함으로써 궁극적으로 자신이 바라는Desire 방향Direction으로 성장하도록 지원하는 구조화된 과정이다. 이런 과정을 거치면서 코칭 고객은 의사결정Decision making을 학습하고, 자신만의 고유한 차별화Differentiation가 가능하다.

## 권한 위임

### Empowerment

코칭은 권한 위임Empowerment이 전제된 상태에서 코칭 고객과 코치 사이에 상호 헌신하는 파트너십을 지향한다. 코칭이 제대로 이루어지려면, 코치는 코칭 고객이 자신의 이슈를 스스로 해결할 수 있다는 것을 진심으로Earnestly 믿어야 한다. 그리고 인내심Endurance을 가지고 기다려 주어야 한다. 이때 코칭 고객의 에너지Energy가 충만해진다. 이것이 진정한Earnest 권한 위임(이양)이다.

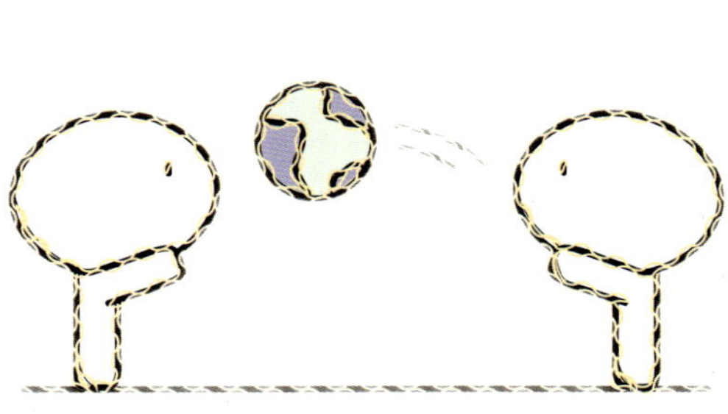

파워웰빙 코칭 프로그램P·O·W·E·R Wellbeing Coaching Program은 성과 향상과 행복 추구를 지향하며, 5대 철학과 5대 핵심 가치들에 바탕을 두고 있다.



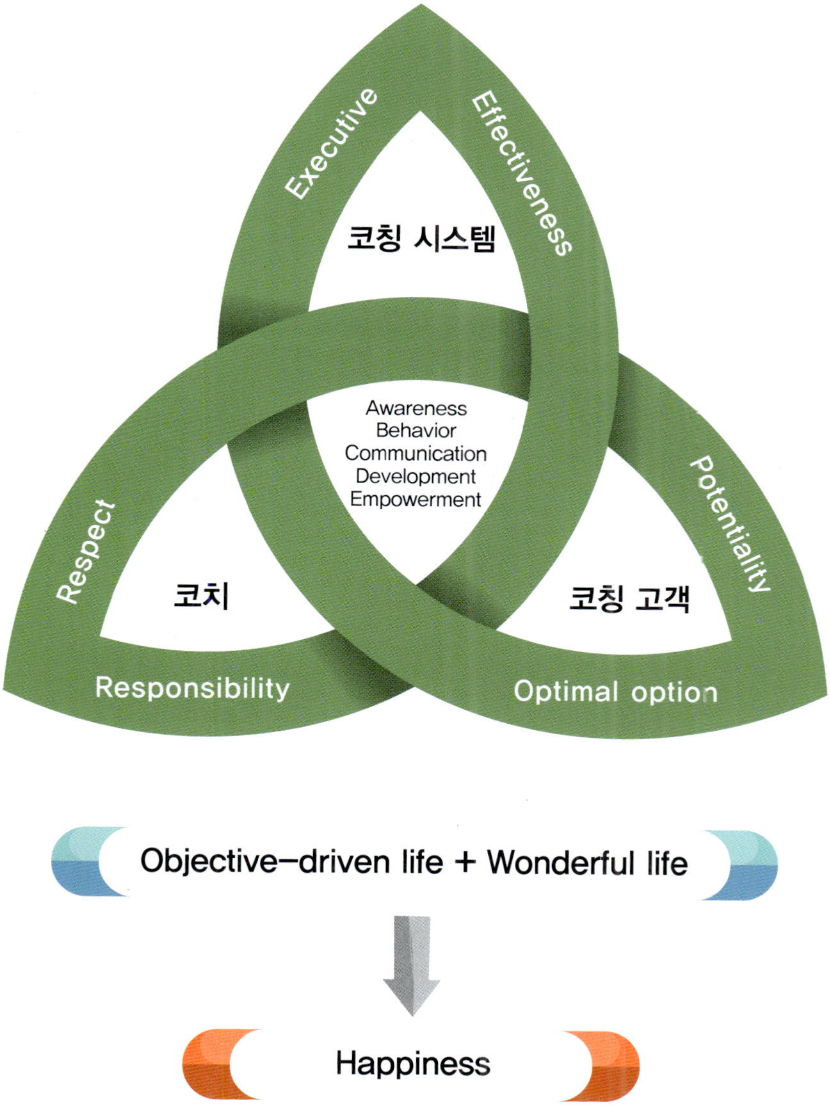


[그림 k7-2] 파워웰빙 코칭 모델(조성진, 2010) ©

FINIS

# K8

# 코칭 효과

K81

# 코칭 효과

"코칭의 핵심은 코칭 효과이다."

코칭을 호의적으로 생각하는 사람들의 가장 큰 관심사는 역시 코칭 효과coaching effect 이다. 코칭을 받으려는 사람과 조직 내에 코칭을 도입하려는 사람에게는 코칭 효과가 더욱 중요하다. 내가 먹을 약의 효과가 궁금하거나 제품이나 서비스를 구매하려는 사람이 가장 먼저 그것의 효능을 따지는 것과 마찬가지이다.

이처럼 코칭과 관련된 이해 당사자들의 가장 핵심적인 관심사는 코칭이 정말 효과가 있는가와 그것을 어떻게 확인할 수 있는가이다. 다행스럽게도, 현장 전문코치의 헌신과 노력, 학자들의 연구를 통해 코칭이 효과가 있다는 것이 많은 사례 연구를 통해 밝혀지고 있다.

코칭이 개인 차원, 집단(그룹) 차원, 그리고 조직 차원에서 어떤 효과가 있는지를 현장 사례와 학술적 연구 결과를 바탕으로 살펴보면 다음과 같다.

## 코칭 효과

### 개인

- 자기효능감 및 자아존중감 향상
- 자기주도적 학습 능력(성적) 향상
- 주도성 향상, 개인 능력 증대
- 창의적 사고 및 창의적 행동 촉진
- 진로 준비 행동 / 진로 성숙도 향상

### 집단

- 의사소통 능력 향상, 리더십 향상
- 동기 부여 향상
- 상사에 대한 신뢰 형성에 기여
- 구성원 간의 관계 증진, 가족관계 향상

### 조직

- 직무 성과(수준) 및 생산성 향상
- 직무 만족 및 조직 몰입(수준) 향상
- 고객 만족(수준) 향상, 이직 의도(수준) 감소
- 바람직한 조직 문화 창출과 조직 혁신에 기여

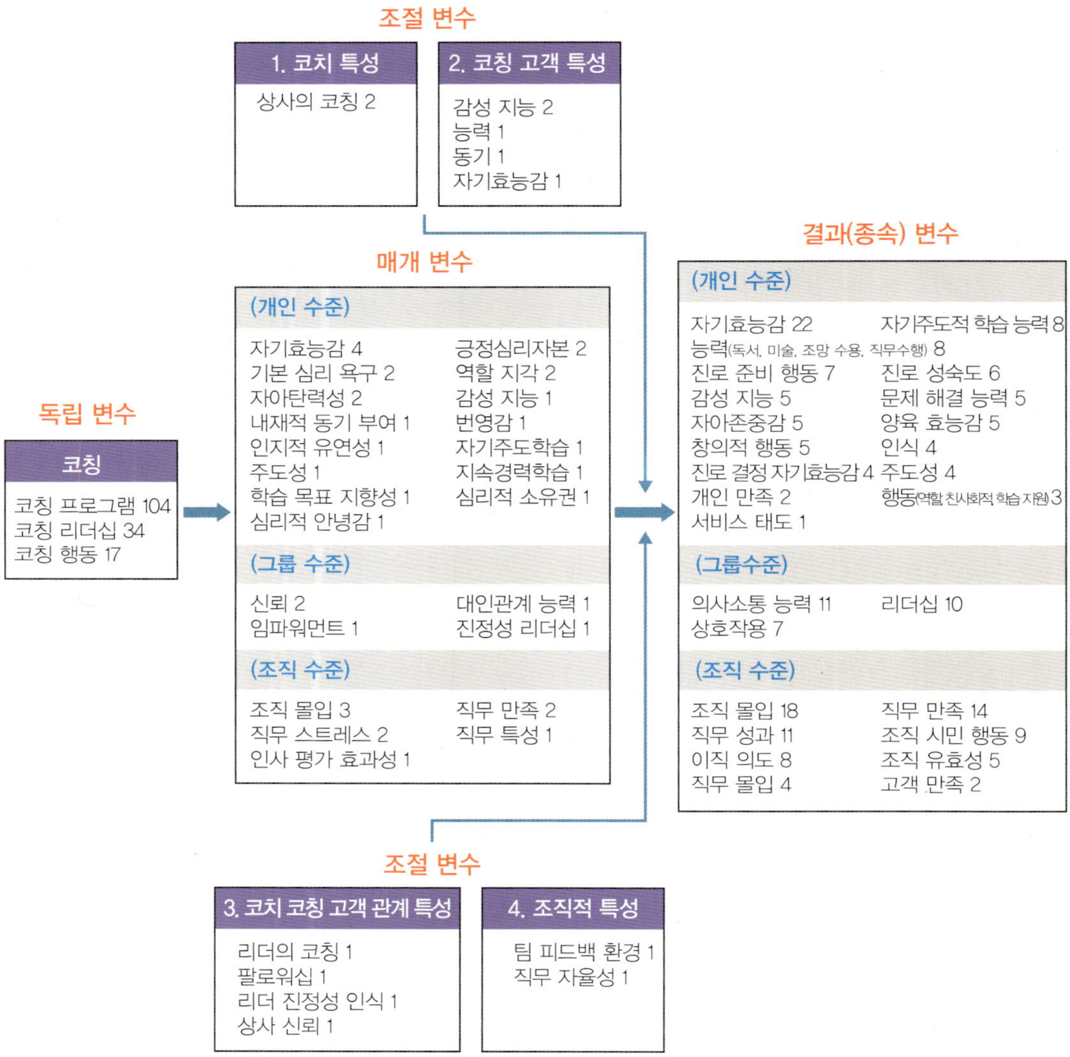


**[그림 k8-1]** 코칭 효과 측정을 위한 개념 모형(조성진, 2018) ©

# Coaching Game 5 "코칭 정의하기"

- 팀별로 팀원들과 함께 협의하여 정한다.
- 지금까지 배우고 느낀 것들을 바탕으로 코칭을 무엇이라고 정의할 수 있는지, 그 낱말들을 찾아 괄호 안에 넣어 보자.
- 가능한 지금까지 배우는 과정에서 나온 자주 사용되지 않은 단어 중에서 코칭의 성격이나 특징을 잘 나타낼 수 있는 단어를 찾아보는 것이 필요하다.

1. 코칭은 (    )이다.
2. 코칭은 (    )(    )이다.
3. 코칭은 (    )(    )(    )이다.
4. 코칭은 (    )(    )(    )(    )이다.
5. 코칭은 (    )(    )(    )(    )(    )이다.

# 실행계획 수립 Action plan

◈ K 파트(part)에서 배우고 느낀 것은 무엇입니까?

1.

2.

3.

◈ 여기서 배운 것을 일상생활이나 직장생활에 적용한다면 어떤 효과가 있을 것으로 예상하십니까?

1.

2.

3.

◈ 여기서 배운 것을 구체적으로 적용한다면?

1. 언제 :

2. 어디서 :

3. 누구에게 :

# SKILL

# 2

# S1

# 핵심 코칭 스킬 1: 경청하기

S11

# 코칭 스킬의 정의

"코칭 스킬은 코칭에 사용되는

행동 기술들이다."

코칭 스킬은 코치가 코칭을 진행할 때 주로 사용하는 구체적인 행동 기술들skills related to behavior을 말한다. 이것들은 코칭 고객이 해결하고 싶은 이슈의 해답을 스스로 발견하도록 돕는 데 필요한 기술들로써, 코치가 미리 익히고 연습해야 한다.

일상적인 대화를 할 때도 알게 모르게 약간의 기술이 필요하다. 그런데 그것보다 더 전문적인 서비스인 코칭을 진행할 때 훨씬 더 많은 기술이 필요한 것은 당연하다.

전문코치들의 견해에 따르면, 코칭 과정에서 사용되는 기술의 수數는 100여 가지가 넘는다고 한다. 코칭의 형태, 코치의 관점, 코치의 경험 등에 따라 다양한 스킬을 사용하는 것이다. 여기에서는 그것들 가운데 가장 기본적으로 사용되는 핵심적인 코칭 기술에 대해 집중적으로 설명하고자 한다.

> "코치가 가져야 할 가장 중요한 핵심 스킬은 경청하고, 강력한 질문을 하며, 반응하는 것이다. 이것들을 완벽하게 구사하는 코치가 가장 유능하고 성공적인 코치이다."
>
> ☞ 게리 콜린스Garry Collins

SKILL

# S12 듣기와 경청하기의 차이

## Coaching Game 6 "듣기"

- 학습 파트너(2인 1조)와 함께 협의하여 얘기할 사람과 들을 사람을 정하되, 5분 동안 진행한다.
- 얘기할 사람은 다음에 제시된 주제에 관해 얘기하고, 들을 사람은 다음과 같이 행동한다.

~~~~~~~~~~~~~~~~~~~~~~~~~~~~~~~~~~~~~~~~~~~~~~

~~~~~~~~~~~~~~~~~~~~~~~~~~~~~~~~~~~~~~~~~~~~~~

- 주제 : "최근에 겪은 가장 신나고 재미있는 일"

◈ 얘기한 사람의 기분은 어떠했고, 어떤 느낌이 들었나요?

1. 

2. 

3. 

SKILL

## "듣기와 경청하기는 다르다."

대화나 의사소통에서 듣기hearing는 말하기speaking와 함께 매우 중요한 기능을 한다. 듣는다는 것은 상대를 이해할 수 있는 중요한 수단 가운데 하나이다. 그래서 혹자는 의사소통에서 말하는 것보다 듣는 것을 더 중요하게 여긴다.

여기서 듣는다는 것은 자신의 관점에서 상대가 하는 말에만 초점을 두는 것이다. 그러다 보니 대개 어떤 사실이나 정보만을 듣게 된다. 날씨, 스포츠 경기의 득점과 승패 결과, 공연 일정 등은 이런 방법으로 들어도 별다른 문제가 발생하지 않는다. 이런 대화는 밋밋하거나 아무런 감정이 개입되지 않아서 때에 따라 말하는 사람의 의도가 왜곡될 가능성이 있다.

코칭에서 의미하는 듣기는 일반적으로 이해하고 있는 것과 여러 가지 면에서 다르다. 그저 열심히 들어주기만 하는 것이 아니라 코칭 고객의 입장에서 그와 공감하면서 듣는 경청listening을 뜻한다.

# Coaching Game 7 "경청하기"

- 이번에는 학습 파트너(2인 1조)끼리 서로 역할을 바꾸어 진행하되, 5분 동안 진행한다.
- 얘기할 사람은 다음에 제시된 주제에 관해 얘기하고, 들을 사람은 다음과 같이 행동한다.

- 주제 : "최근에 생긴 나의 고민은 이런 것이다."

◈ 얘기한 사람의 기분은 어떠했고, 어떤 느낌이 들었나요?

1.

2.

3.

S13

# 경청할 때 주의해야 할 사항

SKILL

1 소리가 아닌 내용을 듣는다.

상대의 얘기를 들을 때는 성급한 가정과 판단을 피하고, 그의 감정을 읽으려고 노력하며 듣는 것이 좋다.

2 상대가 말하지 않는 것도 듣는다.

그러기 위해 얘기하는 상대의 태도, 얼굴의 표정, 표현, 억양, 시선, 몸짓 등을 관찰하며 듣는 것이 좋다.

3 상대의 얘기에 반응하며 듣는다.

상대의 얘기를 들을 때는 그 내용과 뜻을 정확하게 이해했는지 반응하며 듣는다. "아, 그렇군요", "아, 예…", "그 얘기는 … 하다는 말씀이군요" 등의 반응을 보이면, 상대와 대화하는 것이 훨씬 수월하다.

S14

# 경청 스킬의 정의

"코칭의 시작은 경청傾聽이다."

코칭은 일단 코칭 고객이 말하는 것을 잘 듣는 데서부터 출발한다. 코칭 고객의 말을 잘 듣고, 그것을 잘 이해하는 능력이 없다면, 코칭은 성공할 수 없다. 경청 기술 listening skill은 코칭을 진행할 때, 코치가 코칭 고객의 말을 어떻게 들을 것인가에 관한 기법이다.

경청이란 단어에는 관찰하다, 초점을 맞추다, 집중하다, 주의하다, 귀를 기울여 듣는다는 의미가 모두 포함되어 있다.

의사소통에서 문제가 발생하는 때는 여러 가지 이유가 있지만, 대개 상대의 얘기를 그저 듣기만 해서 그런 경우가 많다. 즉, 내가 필요하다고 생각하는 말만 들어서 상대의 진심을 이해하기 어려워져 불통不通이 생기는 것이다.

상대의 얘기를 경청하면, 그가 전달하려는 내용을 왜곡해서 듣거나 오해하는 경우가 거의 없다. 그래서 코칭에서 경청하는 기술은 가장 중요한 것 가운데 하나이다.

코칭에서 말하는 경청은, 코칭 고객의 말은 물론 사실과 감정을 구분하고, 코칭 고객의 표정에 숨어 있는 의미까지 함께 읽으며 듣는 것이다. 즉, 코칭 고객이 전달하고자 하는 말만 듣는 것이 아니라 그의 말에 포함된 내용과 함축된 의미, 느낌 등을 충분히 이해할 만큼 집중해서 듣는 것을 말한다.

혹자는 경청에 3단계가 있다고 설명하기도 한다(에노모토 히데타케).

1. 귀로 듣는다.

↓

2. 눈으로 듣는다.

↓

3. 마음으로 듣는다.

S15

# 적극적 경청

"적극적 경청은 한 발 더 나아가는 것이다."

적극적 경청active listening은 '코치의 판단이나 충고 없이 코칭 고객이 표현하는 말뿐만 아니라 행동, 표현 속에 숨겨져 있는 감정이나 사고까지 경청하는 것'이다.

적극적 경청은 코칭 고객 에게 철저하게 초점을 맞추는 것으로, 그가 말하는 언어적인 표현과 비非언어적인 표현을 모두 이해하고 경청하는 것이다.

즉, 적극적 경청이란, 코칭 고객의 말 이외에 태도, 목소리 톤tone, 의도, 감정, 에너지의 수준 및 상황까지도 듣는 것이다.

# S16 적극적 경청의 반응 양식

SKILL

## 1 명료화하기clarification

코칭 고객의 얘기를 경청한 후, " …라는 뜻인가요?"라고 되물어서 그의 얘기를 정확하게 들었는지를 확인한다.

## 바꾸어 말하기paraphrasing 2

코칭 고객이 얘기한 말을 코치 자신의 말로 바꾸어 표현함으로써 객관적인 내용을 확인하며 강조한다.

## 3 반영하기reflection

코칭 고객의 얘기 가운데 감정과 관련된 부분을 느낄 수 있도록(거울 속에 비친 자신을 볼 수 있도록) 말하는 것으로, 그의 얘기 속에 들어 있는 감정을 잘 깨달을 수 있다.

## 요약하기summarizing 4

코칭 고객이 얘기를 압축하여 그것의 핵심을 짧은 문장으로 말하는 것으로, 고객과 나눈 대화 내용을 검토할 수 있다.

# Coaching Game 8 "적극적 경청하기"

- 이번에는 학습 파트너(2인 1조)끼리 서로 협의하여 얘기할 사람과 들을 사람을 정하고, 5분 동안 진행한다.
- 나와 반대 의견을 가진 상대의 의견을 적극적으로 경청하되, 그의 생각과 감정의 진정한 뜻이 무엇인지를 이해하려고 노력한다.
- 주제 : "최근에 생긴 나의 고민은 이런 것이다."

◈ 나와 생각이 다른 상대의 얘기에 관해 어떤 느낌이 들었나요?

1.

2.

S17

# 적극적 경청 = 반영적 경청

SKILL

적극적 경청active listening은 코치가 코칭 고객의 마음을 반영해 주거나 그에게 들은 말을 다시 코치 자신의 말로 표현하면서 확인시켜 준다는 차원에서 반영적 경청reflective listening이라고도 한다.

일반적인 대화talk, dialogue에서는 상대의 얘기를 이해하기 위한 목적으로 듣기보다는 어떤 대답이라도 할 의도로 듣는다. 그러나 코칭에서 강조하는 적극적 경청은 코칭 고객의 얘기를 비판하거나 판단하지 않고 있는 그대로 수용하며, 그의 감정을 진심으로 이해하려고 노력하며 듣는 것을 말한다.

다시 말하면, 적극적 경청은 코칭 고객의 얘기를 코치 자신의 관점에서 판단judgment하고 평가evaluation하기보다는 그의 얘기를 그대로 반사reflection하듯 서술해 주는 방법으로 경청하는 것이다. 그래서 반영적 경청이라고도 말한다.

S18

# 헌신적 경청

코칭에서의 대화coaching conversation는 잡담, 단순한 의견이나 충고, 가십거리나 유머, 냉소적인 논평과는 여러 측면에서 다르다. 코칭 대화는 어떤 사람이 합리적인 목표를 설정하고, 계획을 세우며, 자신이 세운 계획을 실행에 옮기는 방법만을 모색하는 데 그치는 대화가 아니다.

코칭 대화는 한 발 더 나간다. 코칭은 코치가 코칭 고객에게 바람직하고 긍정적인 영향을 끼치고 싶다는 강렬한 열의로 가득 찬 대화이다. 그런 차원에서 코칭 대화는 코칭 고객이 이루고자 하는 목표를 효과적으로 달성함으로써 궁극적으로 그가 성장하고 발전하도록 코칭 고객과 코치가 완전히 헌신하고 몰입된commitment 상태에서 말하고 경청하는 대화이다.

이처럼 코칭 고객과 코치가 신뢰를 바탕으로 서로 완전히 헌신하고 몰입된 상태에서 경청하는 것을 헌신적 경청committed listening이라고 한다.

SKILL

## "헌신적 경청은 상대의 마음을 여는 묘약이다."

헌신적 경청은 코치가 코칭 고객이 진정으로 바라는 것을 파악하기 위해 그의 마음 속에서 말하는 것을 듣고, 그 사람으로부터 최고의 것을 도출해 내기 위해 헌신하며 경청하는 것이다.

그리고 헌신적 경청은 코칭 고객이 열등감에 사로잡혀 있거나 모든 사람이 그를 거부하고 싫어할지라도 그의 진정한 존재와 위대함을 알고 그의 말에 헌신적으로 귀를 기울이는 것이다. 이런 의미에서 헌신적 경청은 적극적 경청보다 한 단계 더 앞으로 나아간 경청 기법이자 철학이다.

"나는 실제로 사람들이 대화를 마친 후 더욱 자유롭고 분명하게 느끼고 행동할 힘을 얻게 되도록 헌신적으로 경청한다. 나는 사람들이 내가 제공하는 해답이나 충고, 무한한 지혜를 필요로 한다는 것을 알고 경청하지는 않는다. 사람들은 자신의 내부에서 분노를 해결하고, 스스로 생각하며, 스스로 해답을 찾아내고 앞으로 나아갈 길을 발견하는 능력을 지니고 있다는 것이 내 관점이다. 내가 헌신적으로 경청할 경우, 그런 일이 마술처럼 일어난다."

☞ 미셸 르노Michel Reno

## 헌신적 경청 방법

1. 비판하거나 판단하지 않고 듣는다.
2. 거울에 반사하듯 서술해 주며 듣는다.
3. 비언어적 표현까지 이해하고 듣는다.
4. 상대의 감정을 진심으로 이해하려고 노력하며 듣는다.
5. 코칭 고객이 바라는 모습으로 돌아갈 수 있도록 지원하며 듣는다.

## 헌신적으로 경청하려는 태도

1. 상대방과 눈을 맞춘다.
2. 코칭 고객의 말을 중간에 끊지 않는다.
3. 몸을 약간 앞으로 기울인다.
4. 코칭 고객의 말에 고개를 끄덕이며 호응한다.
5. 적절한 질문을 한다.
6. 전화나 핸드폰을 미리 꺼둔다.

S19

# 경청의 방해물 = 잡동사니들



어떤 형태의 코칭이든 적극적이고 헌신적인 경청을 방해하는 장애물들이 종종 나타난다. 이것들을 효과적인 경청을 방해하는 잡동사니들이라고 부른다.

내부적 잡동사니들은 코치 자신의 내부에 있는 것들로, 잡념, 고정관념, 선입견, 편견, 딴생각, 주관적인 판단 등이 이에 속한다. 이것들은 코칭을 진행할 때 아무런 도움이 되지 않고, 오히려 코칭 효과를 반감시킨다.

따라서 코치가 내부적 잡동사니들을 제거하는 일은 정말 중요하다. 먼저, 코치가 이것을 제거하겠다는 강한 의지가 필요하다. 그리고 코칭을 진행하기 전에 별도의 시간을 마련하여 차분하게 코칭 고객의 자료를 정리하는 것도 내부적 잡동사니들을 제거하는 좋은 방법이다. 잠시 명상하거나 음악을 들으며 마음의 평정을 찾는 방법도 내부적 잡동사니들을 제거하는 데 도움이 된다.

외부적 잡동사니들에는 자동차 소리, 전화벨 소리, 시끄러운 음악, 컴퓨터 자판 두드리는 소리, 잡담, 핸드폰 벨 소리, TV 소리 등이 포함된다. 이것은 주로 코칭을 진행하기 전에 점검해야 할 외부적 환경에 관한 것이다.

코치는 자신의 핸드폰이나 전화로 인해 코칭 고객과의 코칭에 방해를 받지 않도록 주변에 있는 전화선을 아예 차단하거나 핸드폰을 꺼두는 것이 바람직하다.

외부에서 코칭을 진행할 때나 전화 코칭tele-coaching을 진행할 때에도 외부적 잡동사니들로부터 방해를 받지 않는 장소와 시간을 선택하는 것이 좋다. 코치는 본격적으로 코칭을 진행하기 전에 코칭 고객과 이에 관해 사전에 충분히 협의해야 한다.

# S2

# 핵심 코칭 스킬 2:
# 질문하기

# S21

# 질문의 필요성

"질문은

자신의 내면을 볼 수 있는 거울이다."

질문은 평상시에 외부로 향해 있던 의식의 화살을 자신의 내부로 향하도록 바꾸는 힘을 가지고 있다. 따라서 코치가 해야 할 일은 질문을 함으로써 코칭 고객으로 하여금 평소에 생각하지 못했던 것을 알아차리고 다시 생각하도록 하는 것이다. 코칭 고객은 이 과정에서 자신이 원하는 해답solution을 스스로 찾을 수 있다.

"대개 사람들은 자신의 내부에 있는 해답을 깨닫지 못하거나 자신의 내부에 해답이 있다는 사실 자체를 믿지 않는 경우가 많다. 그래서 자신의 내부에 해답을 스스로 볼 수 있도록 누군가의 도움이 필요하다. 마치 우리의 전체적인 모습을 보려면 거울이 필요한 것처럼, 자신의 잠재의식 속을 들여다볼 수 있도록 거울의 역할을 해 주는 것이 필요하다. 그 거울에 해당하는 것이 코치가 던지는 질문이다."

☞ 에노모토 히데타케Enomoto Hidetake

## Coaching Game 9 "질문의 힘 이해하기"

SKILL

- 학습 파트너(2인 1조)와 함께 (　) 안에 들어갈 알맞은 단어를 찾는다.

◈ 위 7가지 문장 가운데 가장 중요하다고 생각하는 3가지를 골라 적어 봅시다. 그리고 그 이유를 학습 파트너와 함께 얘기해 봅시다.

1. ______________________________

이유 : ______________________________

2. ______________________________

이유 : ______________________________

3. ______________________________

이유 : ______________________________

# S22 질문의 힘

## 좋은 질문이 가지는 아주 특별한 힘

1. 질문하면 답이 나온다.
2. 질문은 생각을 자극한다.
3. 질문하면 정보를 얻는다.
4. 질문하면 통제가 된다.
5. 질문은 상대의 마음을 열게 한다.
6. 질문은 귀를 기울이게 한다.
7. 질문에 답하면 스스로 설득이 된다.

☞ 도로시 리즈Dorothy Leeds

S23

# 질문은 코칭 스킬의 백미白眉

SKILL

코치의 좋은 질문은 코칭 고객의 마음속에 있는 다양한 가능성과 잠재력을 자극하는 힘을 지니고 있다. 질문은 코칭 고객의 고정된 감정을 뒤흔들 수 있고, 창의성과 희망을 자극할 수 있다. 나아가 코칭 고객이 앞으로 어떻게 달라질 수 있을지 상상하게 하는 힘이 있다.

코치의 좋은 질문은 코칭 고객으로 하여금 깊이 생각하도록 격려하고, 그의 상상력을 자극하며, 그가 가지고 있는 무한한 잠재력을 발견하는 계기를 제공한다. 그래서 코칭 고객 스스로 자신의 이슈를 해결할 수 있는 해답을 찾는 데 도움을 준다.

질문하기는 코칭 고객이 가지고 있는 이슈와 관련된 현실을 알아차리고, 자신이 바라는 목표를 이룰 수 있는 해결책과 실행 계획을 세우도록 돕는 아주 중요한 코칭 기술이다.

## 좋은 질문을 하려면 …

1. 적극적이고 헌신적으로 경청한다.
2. 코칭 고객의 얘기를 듣는 중에 다음에 할 질문을 미리 생각하지 않는다.
3. 코칭 고객의 시각이나 관점을 이해한 후에 질문한다.
4. 같은 질문을 세 차례 이상 반복하지 않는다.
5. 코칭 고객이 발견하고 통찰하며 행동하도록 초점을 잘 맞추어 질문한다.
6. 코칭 고객이 바라는 방향으로 나아가도록 질문한다.
7. 자주 사용되는 질문 목록을 만들고, 그것이 입에 익숙해질 때까지 반복해서 연습한다.

# S24 질문의 종류

SKILL

## 1 개방(열린) 질문

개방 질문은 코칭 고객이 그의 생각을 스스럼없이 얘기할 수 있도록 던지는 질문을 말한다. 코칭 고객에게 개방 질문을 하면, 그는 마음의 문을 열고 더 심층적인 대답을 할 수 있다. 개방 질문을 하려면, '어떻게', '무엇을' 등과 같은 표현을 한두 마디 붙이면 된다.

### 개방 질문의 예

- "당신의 인생에서 가장 중요한 것은 무엇입니까?"
- "어떻게 그런 결정을 내리게 되었습니까?"
- "일을 잘 마칠 수 있었던 이유가 무엇입니까?"
- "다른 관점에서 보면, 상황이 어떻게 바뀔까요?"
- "이 일을 좀 더 잘하려면, 무엇을 바꾸면 좋겠습니까?"

◈ 폐쇄(닫힌) 질문은 단답형의 대답을 신속하게 얻을 수 있지만, 그 이상의 설명은 이어지지 않는 질문이다.

## 2 확장(확대) 질문

확장 질문은 코칭 고객이 바로 그 자리에서 대답할 수 없는 질문 또는 "예", "아니오"로 쉽게 대답할 수 없는, 둘 이상의 대답이 나올 수 있는 질문이다. 그래서 확장 질문을 하면, 코칭 고객은 자신의 내면 깊이 잠재된 의식이 자극되어 많은 생각을 하게 된다.

### 확장 질문의 예

- "당신이 정말 하고 싶은 일은 무엇입니까?"
- "당신이 가장 소중하게 여기는 것은 무엇입니까?"
- "반드시 성공한다면, 꼭 하고 싶은 일은 어떤 것입니까?"
- "현재 상황을 어떻게 보고 있습니까?"
- "어떤 부분을 새롭게 개선하고 싶습니까?"

◈ 특정 질문은 대답이 하나밖에 없어서 누가 질문하더라도 같은 대답이 나오는 질문이다.

## 3 미래 질문



미래 질문은 미래의 행위나 가능성에 초점을 두는 질문으로써 질문 속에 미래형의 단어가 포함된 질문을 말한다. 이것은 코칭 고객의 가능성을 도출해 내는 데 적합한 질문이다.

### 미래 질문의 예

- "앞으로 당신의 삶이 어떻게 달라지기를 원하십니까?"
- "앞으로 새롭게 해 보고 싶은 것은 무엇입니까?"
- "과제 완수를 앞으로 어떻게 하는 것이 좋겠습니까?"
- "반드시 성공한다면, 어떤 일을 하고 싶습니까?"
- "다시 프레젠테이션한다면, 무엇을 다르게 해 보시겠습니까?"

◈ 과거 질문은 과거의 행위나 생각에 초점을 맞춘 질문으로써 질문 속에 과거형의 단어가 포함된다. 대개 과거의 부정적 기억이 그 사람의 가능성을 한정해 버리는 경우가 많아서 과거 질문은 바람직한 질문이 아니다.

## 4 긍정 질문

긍정 질문은 질문 속에 긍정적인 의미를 지닌 표현이 들어간 질문이다. 긍정 질문을 받았을 때는 폭이 넓고 밝은 어감이 느껴져 코칭 고객의 의식이 긍정적인 방향으로 흘러가서 이슈 해결에 많은 도움을 준다. 특히, 조직 내에서 상사가 긍정 질문을 하면, 부하 직원의 사고를 전환하고 사기를 올리는 데 큰 도움이 된다.

### 긍정 질문의 예

- "잘 진행되고 있는 것은 무엇입니까?"
- "여기서 확실한 것은 어떤 것입니까?"
- "어떤 멋진 대책을 세우셨습니까?"
- "어떻게 하면 일이 순조롭게 진행되겠습니까?"
- "현재 상황을 전화위복으로 만드는 방법은 무엇입니까?"

◈ 부정 질문은 질문 속에 부정적인 의미의 표현이 들어간 질문이다. 이런 질문은 왠지 좁고 어두운 어감이 느껴지고, 의식의 방향이 부정적인 방향으로 흘러가게 된다.

S25

# 발견 질문



"발견 질문은 강력한 질문이다."

개방(열린) 질문, 확장(확대) 질문, 미래 질문 및 긍정 질문은 코칭 고객의 내면에 있는 해답을 찾는 데 도움을 주는 발견 질문discovery question이다. 이런 질문들은 코칭 고객의 생각을 자극해서 자신을 인식하게 하고, 내면 깊숙이 자리 잡고 있던 해답들을 발견하도록 돕는다.

따라서 코치는 코칭 고객이 자신이 수행하고 있는 현재의 일과 역할을 넘어 미래에 더 많은 것을 이룰 수 있도록 돕는 차원에서 발견 질문을 사용하는 것이 바람직하다.

코칭에서 코치는 코칭 고객이 해야 할 일을 제시하거나 지시하지 않는다. 다만, 코치는 코칭 고객이 그동안 생각하지 못했던 해답을 발견하도록 돕는다. 이런 측면에서 코치가 코칭 고객에게 던지는 질문은 강력한 질문powerful question이다.

# S26

# 코치가 경계해야 할 질문

## 1. "왜"why라는 표현이 들어간 질문은 가능한 사용하지 않는 것이 바람직하다.

"왜"라는 말이 들어간 질문은 호기심이 많을 때 자주 사용된다. 하지만 이 표현은 그 속에 비판, 판단, 추궁의 의미도 깔려 있어서 인간관계나 일상생활과 관련된 질문에 사용될 경우, 일생생활에서의 인간관계를 더 어렵고 힘들게 하는 경우가 많다.

## 2. 코치가 자신의 호기심을 채우기 위해 질문하는 것은 바람직하지 못하다.

코칭을 진행하는 가운데 코치 개인의 호기심을 자극하는 많은 질문이 생긴다. 그 궁금증을 해소하기 위해 코칭 고객에게 질문하는 실수를 범하지 말아야 한다. 코칭은 코칭 고객이 겪고 있는 이슈를 해결하도록 돕는 것이지 코치 자신의 궁금증을 해소하는 것이 아니다.

## 3. 코치는 유도 질문을 하지 말아야 한다.

코치는 자신이 원하는 대답을 얻으려는 욕심이 생길 때, 유도 질문을 할 수 있다. 질문 자체에 코치의 의도가 다분하게 들어간 유도 질문은 바람직하지 않다.

S27

# 좋은 질문의 중요성

SKILL

"좋은 질문은 상대의 생각을 여는 명약이다."

질문은 모든 코칭 분야에서 중요하게 사용되는 핵심 기술이다. 자신의 이슈를 해결하길 바라는 사람들이 좀 더 창의적인 아이디어를 내고, 그것을 생산적인 방향으로 연결하는 데 필요한 것은 코치의 좋은 질문이다.

특히, 청소년, 대학생 그리고 청년을 대상으로 진행되는 이른바, 청소년 코칭, 학습 코칭과 진로 코칭에서 질문의 중요성은 아무리 강조해도 지나치지 않다.

그러나 현실은 그렇지 않다. 이들과 관련된 현장에서의 의미 있는 질문은 이미 사라진 지 오래되었다. 오히려 그들은 객관식 질문이나 단답형 대답을 요구하는 질문에 익숙해져 있다. 그 이유는 간단하다. 이들의 다양한 상상력을 자극하고, 무한한 잠재력을 촉진하는 적절한 질문을 하지 않기 때문이다.

## Coaching Game 10 "질문하기"

- 학습 파트너(4인 1조)끼리 협의하여 각자의 역할을 정한다.
  : 1명 - 코칭 고객, 1명 - 코치, 2명 - 관찰자
- 코칭 고객과 코치가 코칭을 진행하고(7분), 관찰자는 코칭이 끝나면 코칭 고객에게 질문지를 전해 준다.
- 코칭 고객은 관찰자가 전해 준 질문을 받으면, 자신의 의견을 다시 한번 더 정리한다.
- 각자 역할을 바꾸어 같은 방법으로 3회기 더 진행한다.

◈ 활동 후 느낀 점을 서로 나누고, 자신의 의견을 정리해 봅시다.

1.

2.

# S3

# 핵심 코칭 스킬 3: 피드백하기

S31

# 피드백의 필요성

"피드백은 대단한 효과를 발휘한다."

피드백feedback을 기꺼이 원하고 받아들이는 사람은 자신의 역량을 한층 높일 수 있다. 제대로 된 피드백을 받으면, 자신에 대해 미처 알지 못했던 사실을 새롭게 파악하고, 자신의 강점과 장점도 효과적으로 알 수 있다.

수준 높은 피드백을 제공하는 것은 특정 기법이나 기술에 얽매이는 것이 아니라, 상대를 진심으로 소중하게 여기고 그에게 현재 그대로의 모습을 말하는 것이다.

피드백이 없으면, 사람과 사람 사이에 의미 있는 관계를 형성하기 어렵다. 그래서 어떤 사람은 피드백을 주고받지 않으며 살아가는 것은 눈을 감은 채로 세상을 살아가는 것과 마찬가지라고 말하기도 한다.

S32

# 피드백의 정의



"피드백은 동기를 부여하는 것이다."

피드백은 코칭 고객의 말과 행동에 대해 코치가 구체적으로 표현해 줌으로써 코칭 고객이 앞으로 어떻게 행동해야 할지 동기를 부여하는 것이다.

즉, 코치가 코칭 고객에게 무엇을 잘 수행하고 있는지, 어떤 점이 뛰어나고 탁월한지, 그리고 코칭 고객의 행동을 고치고 발전하기 위해서 무엇을 해야 할지에 대해 말해 주는 것이다.

피드백이 긍정적일 경우는 별다른 문제가 발생하지 않지만, 부정적인 피드백일 경우는 위험이 따른다. 특히, 후자의 경우에는 코칭 고객과 코치 사이에 신뢰trust가 충분히 형성되어 있어야 가능하다는 것을 명심해야 한다.

S33

# 피드백의 내용

## 1 일반적이고 구체적인 성과

코치의 가장 큰 역할 가운데 하나는 코칭 고객이 이룬 성과를 객관적으로 관찰하고, 그것을 바탕으로 적절한 피드백을 해 주는 것이다. 피드백은 구체적으로 객관적인 사실과 성과에 근거해야 한다.

## 태도나 행위 2

코치는 코칭 고객의 태도와 행위를 객관적으로 관찰한 결과를 바탕으로 적절한 피드백을 해 줄 수 있다. 이때 코치는 코칭 고객의 언어적 메시지와 행동, 표정, 태도 등의 변화를 수시로 파악하여 의미 있는 피드백을 해 줄 수 있다.

## 3 미래의 잠재력과 가능성

코치는 코칭을 진행하면서 코칭 고객이 가지고 있는 여러 가지 장점과 특징 가운데 그의 성장과 발전에 도움이 될 만한 요소에 대해 정확하게 피드백을 해 주어야 한다.

S34

# 피드백의 종류

SKILL

## 1 지지적 피드백

지지적 피드백supportive feedback은 긍정적인 에너지에 바탕을 두고 코칭 고객의 견해를 존중하고 배려하며, 격려하고 지지하는 것이다.

코치는 코칭 고객이 좋은 행동을 강화하도록 그의 행동을 격려하고 지지하는 강력한 피드백을 해주어야 한다. 그리고 코칭 고객이 자신감을 지니도록 그가 실행한 것을 인정하고, 칭찬해 주어야 한다.

지지적 피드백은 코치가 코칭 고객이 수행한 잘한 점을 칭찬하고, 긍정적으로 지지해 주는 것이다. 이것은 긍정적인 점을 강화한다는 차원에서 긍정적 피드백positive feedback이라고도 한다.

지지적 피드백의 대표적인 경우가 칭찬과 인정이다.

“칭찬은 상대의 가슴을 뛰게 하는 보약이다.”

칭찬은 코칭 고객이 긍정적인 행동을 했을 때, 그 행동 및 행동의 결과를 구체적으로 말하면서 신뢰와 감사를 표현하는 것이다. 칭찬은 코칭 고객이 자신감을 지니게 하고, 그에게 동기 부여를 하는 것이며, 좋은 행동을 끊임없이 반복하도록 자극한다.

칭찬은 사실에 근거하여 즉각적으로 하되, 진실하고 공정해야 한다. 진실하지 못하거나 쓸데없는 칭찬은 효과가 없으며, 코칭에 아무런 도움이 되지 않는다. 근거 없는 칭찬의 가치는 떨어지고, 코칭 고객과 코치 사이에 신뢰는 점점 무너지기 시작한다.

인정은 코칭 고객의 존재 자체를 인정해 주는 것이다. 인정은 코치가 코칭 고객의 행동이 무엇을 의미하는지, 얼마만큼 마음의 대가를 치르게 하는지, 그리고 코칭 고객에 대해 무엇을 이해했는지를 그에게 전달하는 것이다. 이것은 코칭 고객의 행동을 촉진하고, 코칭 고객이 자신의 가치를 느끼는 데 도움을 주는 효과가 있다.

## 2 교정적 피드백

교정적 피드백corrective feedback은 코칭 고객이 개선해 나가야 할 부분을 구체적으로 언급함으로써 그것을 적절하게 고쳐 나가는 데 도움을 주는 피드백이다. 잘못된 점을 지적하고, 코칭 고객의 발전을 위해 앞으로 어떻게 바꿀지를 언급하는 것이다. 이런 측면에서 교정적 피드백은 발전적 피드백이라고도 할 수 있다.

그런데 실제 코칭을 진행할 때 주의해야 할 점이 있다. 교정적 피드백에 관한 충분한 사전 이해와 끊임없는 훈련이 없는 상태에서 교정적 피드백을 하는 것은 비난이나 질책이 되기 쉽다. 그래서 교정적 피드백은 아주 조심스럽게 다루어져야 하며, 코칭 고객과 신뢰가 충분하게 쌓여 있지 않은 상태에서 사용하는 것은 조심해야 한다.

코칭 고객에게 좌절감을 주지 않고 냉소적이지 않도록 아주 조심해야 한다. 교정적 피드백은 성장과 발전을 위한 방법이 함께 병행되어야 무리가 없다.

# S35

# 피드백을 할 때 유의해야 할 점

사람들은 모든 것을 분명하고 완벽하게 이해하고 있다고 생각하지만, 사실은 그렇지 못하다. 이때 피드백을 구하면 잘못되는 것이 무엇인지, 앞으로 어떤 방식으로 진행해야 개선할 수 있는지를 배울 수 있다.

지지적 피드백을 해줄 때는 그 정도가 과하지 않도록 수준을 잘 조절하는 것이 매우 중요하다. 코치의 진심이 잘 전달되지 않으면, 코칭 고객은 칭찬과 인정의 진정성을 의심할 수 있다. 따라서 코치는 코칭 진행 과정에서 쌓인 신뢰를 바탕으로 사실에 근거한 지지적 피드백을 해주어야 한다.

교정적 피드백은 경우와 상황에 따라서 비난과 질책이 되기 쉬워서 실제 코칭에서 활용할 때는 세심한 주의를 기울여야 한다. 따라서 코치 자신이 코칭 전반에 대해 상당한 정도의 자신감이 생기지 않았다고 생각되면, 교정적 피드백은 삼갈 것을 권한다.

SKILL

피드백을 할 때 세심하게 주의하지 않으면, 그 피드백은 무의미한 피드백insignificant feedback이 되거나 때에 따라서는 학대적 피드백abusive feedback이 될 수도 있다.

무의미한 피드백은 피드백 내용이 너무 막연하거나 일반적이어서 코칭 고객조차 피드백의 목적이 무엇인지 파악하지 못하는 경우이다. 이것은 사람 사이의 관계를 형식적인 차원으로 전락시키고, 나아가 어떤 의미 있는 발전을 가져다주지 못한다.

학대적 피드백은 코칭 고객에게 상처와 절망을 주고 모멸감을 안겨 줌으로써 코치와의 관계에 부정적인 영향을 끼칠 수 있다. 사실 많은 사람은 무의식적으로 다른 사람들에게 상처와 절망을 주는 학대적 피드백을 사용하고 있고, 그 결과 적지 않은 사람들이 이 학대적 피드백에 둘러싸여 인간관계에 있어 많은 갈등을 초래하고 있다.

## Coaching Game 11 "피드백하기(칭찬)"

- 학습 파트너와 다른 사람을 칭찬하되, 다음과 같은 마음으로 칭찬을 한다.

◈ 칭찬을 주고받은 느낌이 어떤지 서로 의견을 나누어 봅시다.

1.

2.

3.

# S4

# 코칭 대화 프로세스

# Coaching Game 12 "대화와 코칭의 차이 발견하기"

- 팀원들과 함께 '대화하기'와 '코칭하기'의 차이점이 무엇인지 서로 토의하고, 결과를 정리해 봅시다.

| 구분 | 장점 | 단점 |
|---|---|---|
| 대화하기 | | |
| 코칭하기 | | |

◈ 토의를 마친 후, 어떤 생각이 들었는지 적어 봅시다.

# S41

# 일반 대화와 코칭 대화의 차이



인간은 대화를 통해 자신의 감정이나 느낌을 표현하고, 타인과 정보를 주고받거나 새로운 사실을 접한다. 그리고 우리는 대화를 통해 자신의 능력을 잘 이해하거나 어리석음을 깨닫기도 한다. 나아가 자신이 얼마나 성장했는지 또는 퇴보했는지도 대화를 통해 알 수 있다.

코칭에서 진행되는 대화는 이런 일반적인 대화와 다르다. 코칭 대화는 잡담이나 단순한 의견 교환, 또는 친구들에게 충고하는 대화가 아니다. 사람들 입에 자주 오르내리는 가십거리나 유머는 더욱 아니고, 냉소적인 논평에 몰두하는 대화도 아니다. 코칭 대화는 다른 사람이 무엇을 잘못했는지를 알아내고 추궁하기 위해 심문하는 대화도 아니다.

S42

# 코칭 대화의 특징

"코칭 대화는 완전히 새로운 방식의 대화이다."

1. 코치가 사람들에게 영향을 미치고 싶다는 열의로 가득 찬 대화

2. 상대가 성공하도록 완전히 헌신한 상태에서 말하고 듣는 대화

3. 사람들이 실망을 안겨주거나 실수할 때도 그들의 위대함을 인식하는 대화

4. 거리낌 없이 통찰력 있는 피드백을 제공하는 대화

5. 사람들이 새로운 가능성이나 획기적인 혁신 방법을 파악하고 완전히 새로운 방식으로 거듭나게 하는 대화

6. 사람들이 영감과 능력 및 힘을 얻었다는 것을 느끼게 만드는 대화

S43

# 코칭 대화 프로세스의 정의와 특징

SKILL

코칭 대화 프로세스coaching conversation process는 '코칭 고객과 코치가 이슈를 해결하기 위해 서로 의사소통을 하는 데 필요한 구조화된 대화 단계 또는 절차'를 말한다.

코칭은 코칭 고객과 코치가 만나서 실행하는 쌍방향 의사소통two-way communication으로써, 한 번 혹은 여러 번에 걸쳐 진행되는 일련의 구조화된 과정이다.

코칭이 한두 번의 회기session에서 끝나든 몇 개월에 걸쳐 진행되든 구조화된 대화 단계 또는 과정을 거친다는 점이 일상생활의 의사소통과 다르다.

코칭 대화는 목적이 있는 대화로써, 같은 주제로 일정 기간 내에 계속되며, 정해진 절차(과정)에 따라 진행되기 때문에 누가 진행해도 비슷한 결과를 도출해 내는 대화이다.

S44

# 코칭 대화 프로세스가 필요한 이유

1. 반복해서 진행할 수 있다.
2. 간단해서 쉽게 같은 방법으로 진행할 수 있다.
3. 대화의 목적과 방향을 잃지 않도록 진행한다.
4. 대화 진행 과정을 예측할 수 있다.

국내외에서 활용되는 코칭(교육) 프로그램에는 그 안에 고유한unique 코칭 대화 프로세스가 있다. 그리고 이것들은 다음과 같은 공통점을 가지고 있음을 확인할 수 있다.

1. 코칭 이슈issues와 목표goal를 설정한다.
2. 이슈를 해결하기 위한 대안을 찾는 과정에 코칭 고객을 함께 참여시킨다.
3. 이슈 해결 대안을 실행하는 계획을 수립하고, 그것을 실천하려는 의지를 확인한다.

**<표 S4-1> 주요 코칭 대화 프로세스 모형의 비교**(조성진, 2008/2009) ⓒ

| 구분 | Fournies 모형 | Kinlaw 모형 | GROW 모형 | 변혁적 모형 | | CAAACS 모형 | 코칭 대화 모형 | GRROW 모델 | ANCHOR 모형 | iCAN 전략 모형 |
|---|---|---|---|---|---|---|---|---|---|---|
| | 5단계 | 3단계 | 4단계 | 3(15)단계 | | 6단계 | 5단계 | 5단계 | 6단계 | 4단계 |
| | Fournies F. F. (1978) | Kinlaw, D. (1989) | Whitmore, J. (1992) | Crane, T. G. (1998) | | Auerbach, J. E. (2001) | 한국코칭센터 (2003) | 이희경 (2005) | 이소희 (2008) | 조성진 (2008) |
| 문제 인식 및 정의 | ① 문제시인 및 동의 | ① 직면/표현 | ① 목표 설정 (goal) | ① 기반 조성 | 1. 신뢰 구축<br>2. 조직 특성 기대 설정<br>3. 관찰<br>4. 준비 | ① 고객 연결 | ① 초점 맞추기 | ① 목표 설정 (goal) | ① 기대 목표 | ① 정형화 (identify) |
| 정보 탐색 | | ② 고객 반응 이용한 정보 획득 | ② 현실 확인 (reality) | ② 학습 루프 | 5. 긍정적 의도 공유<br>6. 결과 인식 공유<br>7. 질문 학습<br>8. 경청<br>9. 공유 역할 탐색 | ② 상황 평가 | | ② 현실 파악 (reality)<br>③ 핵심 니즈 인식 (recognition) | ② 현실 인식 | ② 상황 파악 (Circumstance) |
| 대안 창출 | ② 대안 상호 토의 | ③ 대안 검토 및 해결안 결정 | ③ 대안 찾기 (options) | ③ 행동 촉진 | 10. 비전 재검토<br>11. 대안 제안<br>12. 변화 요청<br>13. 변화 강제<br>14. 실천 약속 및 후속 계획 확정<br>15. 격려 칭찬 | ③ 목표 명료화 | ② 가능성 발견 | ④ 대안 탐색 (options) | ③ 핵심가치 | ③ 실행 계획 수립 (Action plan) |
| 대안 평가 및 선택 | ③ 행동 상호 동의 | | ④ 실행 의지 확인(will) | | | ④ 실행하기<br>⑤ 약속 정하기 | ③ 실행 계획 수립<br>④ 장애 요소 제거 | ⑤ 실천 이지 확인(will) | ④ 경로 찾기<br>⑤ 장애 요인 | |
| 점검 및 평가 | ④ 결과 확인 점검<br>⑤ 성취 결과 인정 | | | | | ⑥ 지원하기 | ⑤ 마무리 | | ⑥ 다짐하기 | ④ 양육 지원 (Nurturing) |

# S45 iCAN 코칭 대화 프로세스

iCAN 코칭 대화 프로세스는 코칭 고객이 어떤 이슈를 효과적으로 해결함으로써 계속해서 성장, 발전하도록 돕는다는 차원에서 새롭게 개발된 코칭 대화 절차이다.

즉, 파워웰빙 코칭P·O·W·E·R Wellbeing Coaching의 5대 코칭 철학에 바탕을 두고, 합리적 의사결정 과정과 전략적 사고를 접목한 문제 해결 방식에 착안하여 새롭게 개발된 것이 iCAN 코칭 대화 프로세스이다.

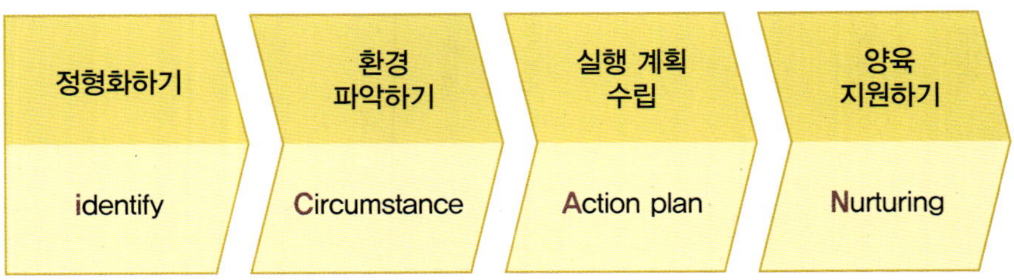


[그림 S4-1] iCAN 코칭 대화 프로세스(조성진, 2008) ⓒ

iCAN 코칭 대화 프로세스에서는 다음과 같은 몇 가지 사항(특징)을 강조하고 있다.

SKILL

1. 코칭 고객이 더 많이 알고, 의식을 확대하며, 자신의 상황과 목표를 분명하게 파악하기 위해 스스로 탐구하도록 돕는다.

2. 코칭 고객에게 유익하고 의미 있는 통찰을 보여 준다.

3. 코칭 고객에게 다른 시각을 보여 주고, 새로운 가능성을 찾게 한다.

4. 코칭 고객이 새롭게 배운 사실을 실행하도록 돕는다.

5. 다양한 해결 방안들을 탐구, 평가, 결정하도록 돕는다.

6. 선택한 대안들을 즉시 적용하도록 돕는다.

7. 달성할 수 있고, 구체적이며, 측정 가능한 목표 수립을 돕는다.

8. 학습과 성장을 위해 다른 사람이나 자원을 활용하도록 돕는다.

S46

# iCAN 코칭 대화 프로세스 : 단계별 전개 과정

1단계 정형화하기Identify

코칭에서 논의할 주제와 이슈, 코칭을 통해 달성하고자 하는 목표와 현실과의 차이gap 등을 구체적으로 정형화하는 단계

2단계 환경Circumstance 파악하기

코칭 고객이 처해 있는 현실과 목표 사이의 차이를 발생하게 하는 상황과 환경을 구체적으로 알아보는 단계

3단계 실행 계획Action plan 수립하기

이슈를 해결하고 변화와 발전을 가져올 수 있는 대안을 탐색하며, 행동으로 옮길 수 있는 계획을 세우고, 실천 의지를 확인하는 단계

4단계 양육Nurturing 지원하기

코칭 고객이 스스로 자신의 이슈를 해결하고 계속해서 좋은 성과를 내어 성장하도록 돕는 단계

# 단계별 주요 점검 포인트

## 1단계 정형화하기identify



1단계에서는 코칭 고객의 현재 상태, 함께 다룰 주제와 이슈, 코칭을 통해 이루고자 하는 코칭 고객의 목표 등에 대해 동의하고, 그것들을 구체적으로 정형화한다.

### 1단계에서 코치가 해야 할 일

1. 코칭 고객의 관심사를 구체적으로 파악한다.

2. 코칭 고객과 코치가 함께 다룰 이슈를 구체화한다.

3. 코칭 고객의 목표, 희망과 비전을 구체화한다.

4. 목표와 현실과의 차이gap를 구체적으로 확인한다.

## 1단계에서 활용할 수 있는 질문 예

- "오늘 어떤 주제에 관해 얘기하고 싶습니까?"
- "말씀하신 것 중 집중해서 얘기할 이슈는 무엇입니까?"
- "현실과 바라는 모습 사이에는 어떤 차이가 있습니까?"
- "코칭을 마쳤을 때, 어떤 모습을 가지길 원하십니까?"

## 1단계에서 코치가 주목해야 할 사항

1. 코치는 앞으로 진행될 코칭을 통해 코칭 고객의 목표를 이룰 수 있다는 자신감을 지니도록 격려해야 한다.
2. 코칭 고객 자신에 대한 긍정적인 태도를 지니도록 지지해 주어야 한다.
3. 코칭 고객과 신뢰를 계속 쌓아가도록 노력해야 한다.
4. 코칭 고객이 편안하게 얘기할 수 있도록 분위기를 조성한다.

## 2단계 환경Circumstance 파악하기

2단계에서는 코칭 고객이 맞닥뜨린 내·외부 환경 또는 상황을 객관적으로 파악하도록 돕는다. 즉, 앞 단계에서 확인된 코칭 고객의 목표를 이루는 데 영향을 미치는 현재 상황과 환경이 구체적으로 무엇인지를 점검하도록 돕는다.

### 2단계에서 코치가 해야 할 일

1. 코칭 고객 자신을 어렵게 만드는 이슈의 원인을 파악하도록 돕는다.

2. 코칭 고객을 둘러싼 환경이 그에게 어떤 영향을 끼치는지를 깨닫도록 돕는다.

3. 현재 지점에서 원하는 지점으로 가기 위해 어떤 것이 필요한지 깨닫도록 돕는다.

## 2단계에서 활용할 수 있는 질문 예

- "지금 상황은 어떻습니까?"
- "그런 결정을 내리는 데 어떤 요소들이 작용했습니까?"
- "지금까지 어떤 행동을 취했습니까?"
- "당신이 미래에서 지금을 바라본다면, 이 상황이 어떻게 보입니까?"

## 2단계에서 코치가 주목해야 할 사항

1. 코칭 고객이 현재 상황과 환경을 다양한 관점에서 볼 수 있도록 돕는다.
2. 코칭 고객 자신의 배경, 생각, 느낌, 신체적 상태, 현상, 경험 및 사건들이 어떤 관련이 있는지 알도록 돕는다.
3. 코칭 고객과 충분한 신뢰가 쌓였다면, 코칭 고객이 바라는 결과를 얻는 데 도움이 될 정곡을 찌르는 질문을 할 수 있다.

## 3단계 실행 계획Action plan 수립하기

SKILL

3단계에서는 코칭 고객이 바라는 목표를 이루는 데 도움이 되는 모든 대안을 찾고, 행동 계획을 세우며, 실천 의지와 각오를 확인한다. 즉, 코칭 고객의 변화와 발전을 가져올 수 있는 구체적인 모든 대안에 대해 자유롭게 대화하고, 실천 의지를 확인한다.

### 3단계에서 코치가 해야 할 일

1. 코칭 고객이 자신의 이슈를 해결할 수 있는 대안들을 스스로 찾도록 돕는다.

2. 코칭 고객이 바라는 목표지에 도달하기 위해 어떻게 행동할 것인지 생각하도록 자극해야 한다.

3. 코칭 고객이 정한 실행 계획을 실천하는 과정에서 예상되는 걸림돌을 생각하도록 돕는다.

## 3단계에서 활용할 수 있는 질문 예

- "당신 힘으로 바꿀 수 있는 것은 무엇입니까?"
- "이슈 해결을 위해 새롭게 시도할 수 있는 것은 무엇입니까?"
- "그 외에 다른 방법은 어떤 것이 있을까요?"
- "지금 가장 먼저 할 수 있는 행동은 무엇입니까?"
- "당신이 세운 계획을 잘 실천하고 있다는 것을 제(코치)가 어떻게 알 수 있습니까?"
- "그것을 실행하는 데 어떤 장애물이 있을 것으로 예상하십니까?"

## 3단계에서 코치가 주목해야 할 사항

1. 코치 자신의 경험에 비추어 조언하거나 해답을 제시하려는 유혹에서 벗어나야 한다.
2. 코칭 고객이 가능한 많은 대안을 생각하도록 격려하고 자극해야 한다.
3. 코칭 고객의 발전을 가로막는 자기 패배적인 행동을 드러내 직면하게 하고, 그것에서 벗어나도록 돕는다.

# 4단계 양육Nurturing 지원하기



4단계에서는 코칭 고객이 스스로 발전할 수 있는 단계에 이르도록 계속해서 관심을 가지고 돕는다. 즉, 코칭 고객이 끊임없는 자기발견과 자기계발을 통해 셀프 코칭self coaching이 가능하도록 돕는다.

## 4단계에서 코치가 해야 할 일

1. 코칭 고객이 노력하는 모습을 보일 때, 코치는 그것이 아무리 작아 보여도 옆에서 응원해 주어야 한다.
2. 코칭 고객이 이룩한 사소한 성취라도 칭찬하고, 계속해서 자신감을 북돋워 주어야 한다.
3. 코칭 고객이 새로운 행동과 습관을 형성하도록 격려하고 지지한다.

## 4단계에서 활용할 수 있는 질문 예

- "실행 계획을 세우면서 새롭게 느낀 것은 무엇입니까?"
- "새롭게 느낀 것을 어떤 부분에 적용해 볼 수 있습니까?"
- "지금처럼 좋은 성과를 계속 유지하려면, 어떤 일을 추가로 할 수 있습니까?"
- "이 계획의 성공을 위해 제(코치) 도움이 필요한 부분은 무엇입니까?"
- "제(코치)가 무엇을 도와 드리면 좋겠습니까?"

## 4단계에서 코치가 주목해야 할 사항

- 코칭 고객이 좌절을 겪고 흔들리거나 자신에 대한 믿음과 추진력을 잃을 때, 다시 집중하도록 도와주어야 한다.
- 코칭 고객 스스로 선택, 결정한 행동이 나쁜 습관을 계속되는 데 영향을 끼친다면, 그 실수를 줄이도록 도울 수도 있다.

## Coaching Game 13 "코칭 대화 프로세스 실습하기"

SKILL

- 학습 파트너(3인 1조)끼리 서로 협의하여 역할을 정한다.
  : 1명 - 코칭 고객, 1명 - 코치, 1명 - 관찰자
- 코칭 고객과 코치는 코칭을 진행하고(20분), 코칭을 마친 후 관찰자는 코칭 고객에게 질문지를 전해 준다.
- 같은 방법으로 두 번 더 진행한다(각 20분씩).

◈ 느낀 점을 나누고, 자신의 의견을 적어 봅시다.

1.

2.

3.

# S5

# 코칭 프로세스

S51

# 코칭 프로세스의 정의

코칭 프로세스coaching process란, '코칭을 준비하는 단계에서부터 코칭을 마칠 때까지 거치는 전체 과정 또는 절차'를 말한다. 크게 세 단계로 나누는데, 이를 코칭의 3주기라고도 부른다.

인간도 생로병사生老病死라는 생명주기生命週期를 거치고, 제품도 이와 비슷한 주기를 거친다. 마찬가지로 코칭도 대개 3주기에 따라 진행된다.

물론 때에 따라서 순서대로 진행되지 않기도 하고, 간혹 순서가 바뀔 때도 있다. 하지만 의미 있는 효과를 기대할 수 있는 코칭을 진행하고 싶다면, 다음과 같은 3단계를 차례로 거치는 것이 바람직하다.

1. 사전 코칭(pre – coaching)
2. 본 코칭(main – coaching)
3. 사후 코칭(post – coaching)

# 코칭의 3주기

**<표 S5-1> 코칭 3주기의 주요 내용**

| 구분 | 주요 점검 내용 |
|---|---|
| 사전 코칭<br>pre–coaching | • 코칭(진행)에 동의하기<br>• 코칭 환경 이해하기<br>• 코칭 계약하기<br>• 코칭 관련 자원 파악하기<br>• 관계성rapport 형성하기 |
| 본 코칭<br>main–coaching | • 코칭의 공간적 환경 조성하기<br>• 코칭 시간 확인하기<br>• 코칭 진행하기 – 코칭 대화 프로세스<br>• 회기별 코칭 일지 작성하기 |
| 사후 코칭<br>post–coaching | • 코칭 고객의 변화 내용 확인하기<br>• 계속해서 칭찬하고 인정하기<br>• 실행 계획 이행 여부 수시 점검하기<br>• 계약 연장 여부 확인하기 등 |

# S52 코칭 프로세스 절차 및 내용

## 1 사전 코칭pre-coaching

이 단계는 본격적으로 코칭을 진행하기 전前 준비 과정으로서, 점검해야 할 사항은 다음과 같다.

### 1. 코칭(진행)에 동의하기

코칭 고객과 코치는 코칭이 필요하다는 것과 코칭을 시작하는 것에 대해 서로 충분히 공감해야 한다. 코칭 고객이 변화가 필요하다는 것에 동의하지 않으면, 어떤 형태의 코칭도 시작하기 어렵다.

이처럼 코칭을 시작할 수 있는 시기, 즉 코치의 도움이 필요한 시기를 코칭의 순간coaching moment이라 부른다. 코칭의 순간은 코칭 고객이 변화의 계기가 될 코칭의 필요성에 동의하고, 코치와 함께 코칭을 진행할 것을 결심한 순간을 말한다. 이때, 무엇보다 중요한 것은 코칭 고객과 코치 사이에 형성되는 신뢰trust이다. 코칭을 구성하는 두 주체 사이에 신뢰가 쌓이지 않는 한, 의미 있는 코칭을 진행하기 어렵다.

## 2. 코칭 환경 이해하기 : '코칭 오리엔테이션'



코칭을 진행하려면, 환경을 먼저 조성해야 한다. 코치는 코칭 고객에게 다음과 같은 사항에 대해 자세하게 안내하고, 코칭 고객과 파트너십을 맺어야 한다. 그리고 그와 작업하기 위해 충분히 헌신할 준비가 되었다는 것을 느끼도록 해 주어야 한다.

- 코칭의 정의와 특징, 코칭 진행 절차
- 코치의 경력, 학문적 배경, 교육·훈련 정도, 자격증
- 코칭 후의 절차와 방법, 미리 주의하면 좋은 사항
- 코칭 고객의 권리와 의무 등

코치는 코칭에서는 정신과 병원에서 다루는 치료therapy 행위는 하지 않고, 강제적으로 진행하지 않는다는 점도 설명할 필요가 있다. 이처럼 코칭이 어떤 환경에서 진행되는지 친절하고 긍정적인 마음으로 코칭 고객에게 설명해 주어야 한다.

## 3. 코칭 계약하기

코칭 고객이 앞서 설명한 사항에 대해 최종적으로 동의할 경우, 계약서를 작성한다. 코칭 고객이 코칭을 진행하기로 결심했다면, 그와 협력관계를 시작한다는 의미로 계약서를 작성해야 한다.

계약서에는 다음과 같은 사항들이 포함되는 것이 좋고, 코칭 고객과 코치는 각각의 사항에 대해 서로 협의한 후, 정해진 양식에 서명한다.

- 코칭 고객과 코치가 서로 바라는 목표와 기준
- 코칭 진행 시 서로의 역할과 책임
- 코칭 회기session 횟수
- 코칭 회기 약속을 취소 또는 연기하는 방법
- 코칭 시간과 장소
- 코칭 수수료(금액, 청구 방법, 지급 방법 등)
- 코칭 계약 취소 방법 등

## 4. 코칭 관련 자원 파악하기

SKILL

코칭 계약을 마친 후 본격적인 코칭을 시작하기 전에 코치는 코칭 고객의 인적·물적 자원에 대한 사항을 점검할 필요가 있다.

특히, 코치는 코칭 고객이 코칭을 진행하기에 적절한 몸과 마음 상태가 되도록 도와주어야 한다. 그래서 다음과 같은 사항을 미리 점검할 필요가 있다.

- 창의적인 사색의 시간을 가진다.
- 몸이 보내는 신호에 귀를 기울인다.
- 바로 다음 목표로 달려가기보다 틈을 내어 자신의 성공과 성취를 즐긴다.

다음, 코치는 코칭 고객을 좀 더 자세하게 이해하려면, 간단한 인적 사항을 파악하고, 필요한 여러 가지 검사(성격 유형 검사, 적성 검사, 학습 유형 검사 등)를 실시하여 진단 결과를 활용할 수도 있다.

## 5. 관계성rapport 형성하기

코칭에서는 코칭 고객과 코치 사이에 친밀한 관계를 형성하는 것이 무엇보다 중요하다. 코칭은 성숙한 인격체 사이의 만남이므로 코칭을 시작하기 전에 서로 인격적이고 존중하는 관계가 될 수 있도록 노력해야 한다.

그러나 이런 관계는 두 주체가 처음 만났을 때부터 형성되지 않는다. 코칭이 제대로 잘 진행되려면, 서로 친밀감이 생기고, 비슷한 생각을 하며, 서로에 대한 신뢰를 빠르게 쌓아갈 필요가 있다.

대개 이런 노력에 들이는 시간이 길어질수록 코칭 고객과 코치 사이의 관계는 확실하게 좋아지고, 파트너십도 한층 성숙해진다. 이럴 때 코칭 고객과 코치 사이에 라포르rapport가 형성된다.

## 2 본 코칭main-coaching

본격적으로 코칭이 진행되는 시점이다. 코치는 다양한 코칭 기술을 적절하게 활용하면서 코칭 대화 프로세스에 따라 코칭을 진행해 나간다. 이때 다음과 같은 사항을 점검한다.

SKILL

- 코칭 장소(공간적 환경) 재점검
- 코칭 시간 확인 : 시간 통보, 조정 등 확인
- 회기별 코칭 일지 작성

코치는 코칭을 진행하면서 정기적으로 중간 점검을 할 필요가 있다. 이것은 코칭의 초점을 분명하게 잡고, 생산적인 방향으로 나아가기 위함이다. 이때 코치는 다음과 같은 질문에 대답할 필요가 있다.

- "나(코치)와 코칭 고객은 서로 각각 잘 진행하고 있는가?"
- "남은 시간 동안 서로 합의한 목표를 이루려면 무엇을 해야 하는가?"
- "좋은 코칭을 위해 앞으로 추가로 고려해야 할 사항은 무엇인가?"

## 3 사후 코칭post-coaching

사후 코칭은 코칭 고객이 정한 하나의 이슈를 계속해서 다루거나 어떤 이슈가 완결된 다음 단계에 주로 진행된다. 코칭 고객에게 계속해서 관심을 가지고 양육하는 일련의 후속 과정을 말한다.

이때 코치는 다음과 같은 사항을 점검해야 한다.

- 코칭 고객의 변화 내용과 이룩한 성과를 확인한다.
- 코칭 고객의 노력과 성과에 대해 칭찬하고, 인정한다.
- 코칭 고객이 세운 실행 계획 이행 여부를 수시로 점검한다.
- 코칭 고객에게 계약 연장 여부를 확인한다.

# S6

# 코칭
# 스타일

S61

# 코칭 스타일의 정의

'코칭 과정에서 발생하는 코칭 고객과 코치의 각기 다른 반응 양식과 행동 등'을 통틀어 코칭 스타일coaching style이라고 한다.

인간은 삶의 모든 문제를 바라보고 해결하는 데 있어 자신만의 고유한 여과 장치filter를 사용한다. 그 장치 가운데 하나가 성격personality이다. 코치가 코칭을 진행하면서 코칭 고객의 성격, 그와 관련된 가치관, 강점, 행동의 의미 등을 알면 그를 이해하는 데 도움이 된다. 즉, 코치는 코칭 고객의 성격에 따라 코칭을 진행하는 속도나 그에 반응을 보이는 방법, 코칭 대화의 속도, 그리고 목소리의 억양과 톤tone 등을 조절하기도 한다.

단, 주의할 점이 있다. 사람을 어떤 몇 가지 유형으로 분류한다는 것 자체가 위험할 수 있다는 점이다. 대개 사람들은 어떤 유형 분류를 접하면, 바로 우월한 것과 열등한 것으로 분류하는 잘못을 범하기 쉽기 때문이다. 다른 것은 다른 것일 뿐이다.

S62

# 코칭에서 성격 유형을 측정하는 이유



코칭에서는 다음과 같은 목적을 위해 성격 유형을 측정한다.

## 1. 이해 차원의 목적

코칭에서는 코칭 고객의 마음과 몸의 상태를 제대로 이해하는 것이 이슈 해결을 지원하는 지름길이다. 그래서 그와 관련된 활동의 하나로 성격 유형을 진단하는 것이다. 그리고 코치 자신의 코칭 스타일을 알기 위해 성격 유형 진단 결과를 활용하기도 한다.

## 2. 예측 차원의 목적

특정 상황에서 코칭 고객이 어떻게 행동할 것인지 그의 미래 행동을 예측하는 데 성격 유형 진단 결과를 활용한다.

## 3. 연구 차원의 목적

장기적인 관점에서, 코칭 고객의 행동 원인을 규명하고, 그의 각기 다른 특성이 코칭 효과에 어떤 다른 영향을 끼치는지를 연구하는 데 성격 유형 진단 결과를 활용하기도 한다.

## Coaching Game 14 "코칭 스타일 파악하기"

- 각자 배포된 진단지를 활용하여 자신의 성격 및 행동 유형을 파악한다.
- 자신과 비슷한 유형끼리 모여서 토의하되, 공통되는 특징을 찾아서 적는다.
- 모아진 결과를 대표 한 사람이 발표한다.

◈ 느낀 점을 나누고, 자신의 의견을 적어 봅시다.

1.

2.

3.

S63

# 유형별 코칭 스타일



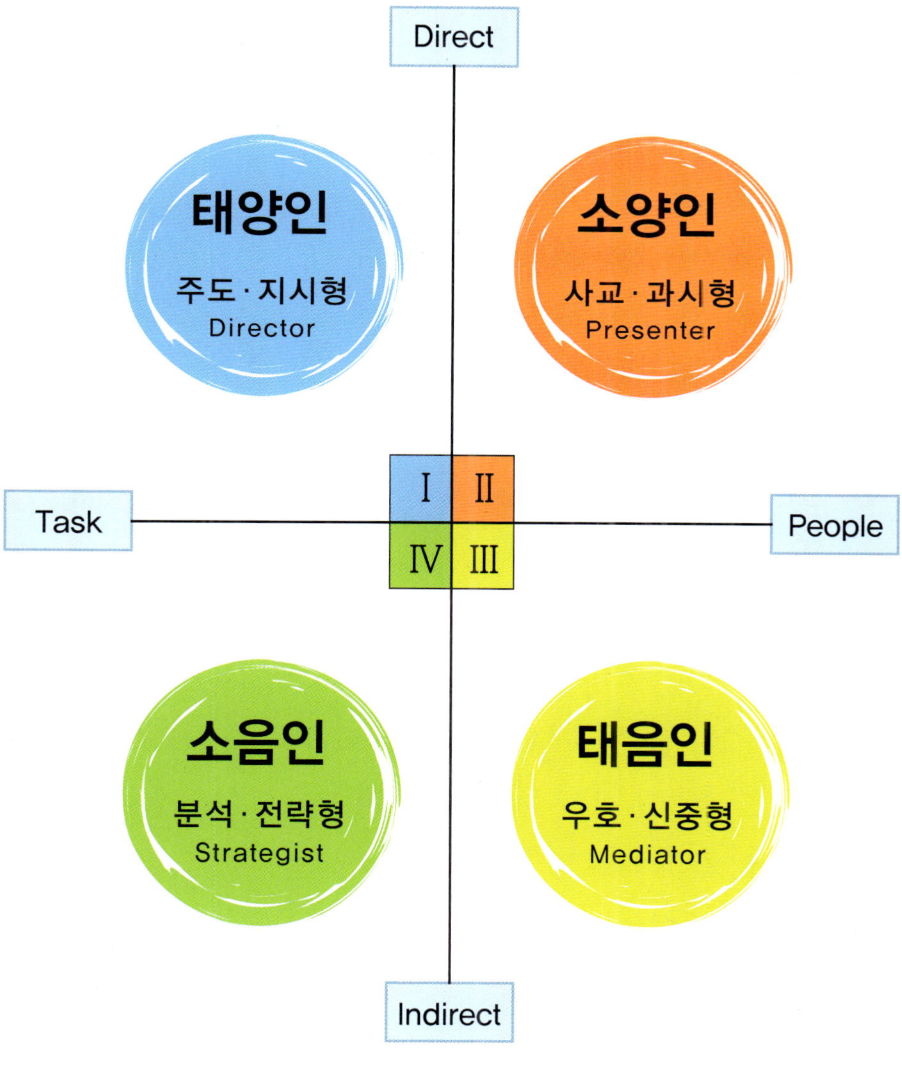


[그림 S6-1] 성격 유형별 코칭 스타일(조성진, 2010)©

## 1 태양인太陽人 : 주도·지시형Director

"주관과 독창성을 중시하는 직관이 강한 유형"

### 성격 특성

- 건장하고, 초연하며, 거만해 보이고, 과단성이 있다.
- 목표 지향적이고, 이상적인 것을 추구한다.
- 상황 파악 능력이 뛰어나 방향 제시가 명확하다.
- 주변 상황이 급변할 때 주력해야 할 부분을 빨리 파악한다.
- 변화에 대한 두려움이 적고, 급진적이다.
- 단호하고 솔직하여 옳지 않다는 말을 가장 쉽게 한다.
- 창의적이고 상상력이 풍부해서 새로운 영역을 개척하는 선구자나 리더들이 많다.

### 이들을 코칭할 때 고려할 점

- 한 가지 일을 정리한 다음 다른 일을 시작하도록 돕는다.
- 결과에 초점을 맞추어 빠른 속도로 진행한다.
- 실제로 행동할 사항들을 점검하도록 돕는다.
- 깊이 생각하고, 사람을 고려하도록 격려한다.

## 2 소양인少陽人 : 사교·과시형Presenter

"보편과 결과를 중시하는 감성이 풍부한 유형"

SKILL

### 성격 특성

- 남을 많이 의식하고 감정 파악을 잘해서 사람들이 좋아하는 쪽에 자신을 맞추어 간다.
- 인정받는 것을 좋아하여 남이 알아주는 맛에 살아간다.
- 낯선 사람끼리 그냥 모이는 것을 선호한다.
- 상황을 정확하고 빠르게 인식하여 대처 능력이 뛰어나다.
- 순발력이 뛰어나고 활동적이며 에너지가 넘친다.
- 일을 잘 벌이지만 쉽게 싫증 내고 중간에 쉽게 포기한다.
- 세상의 예법, 유행, 관행 등에 가장 민감하다.

### 이들을 코칭할 때 고려할 점

- 코칭 회기session를 빠르고 재미있게 진행한다.
- 위로, 공감 및 경청에 더 관심을 두고 진행한다.
- 그가 중요하다고 생각하는 것에 초점을 맞추고, 원하는 결과를 얻기 위해 집중해야 할 것이 어떤 것인지 느낄 수 있도록 돕는다.

## 3 태음인太陰人 : 우호·신중형Mediator

"구체성과 과정을 중시하는 감각이 섬세한 유형"

### 성격 특성

- 어떤 말을 들으면 일단 끄덕끄덕하며 미소를 잘 짓는다.
- 어떤 새로운 일을 시작할 때 주저하며, 약간의 불편을 고치려 하기보다 그냥 감수하며 참는다.
- 끝까지 물고 늘어져서 어떻게 해서든 끝을 맺는다.
- 늘 구체적인 것에 관심이 많다.
- 매사에 수비적이어서 함부로 남을 공격하지 않는다.
- 판단이 끝나지 않은 것에 대해서는 자신을 표현하지 않고, 의사소통 시 잘 나서지 않는다.

### 이들을 코칭할 때 고려할 점

- 다양한 경험을 통해 교류의 폭을 넓히도록 돕는다.
- 욕심을 부리지 않도록 돕는다.
- 구체적인 사례를 쌓아가는 것을 인정하고 지지한다.
- 강압적인 행동을 피한다.
- 할 수 있는 행동을 구체적으로 정하도록 돕는다.

## 4 소음인少陰人 : 분석·전략형Strategist

"객관과 효율을 중시하는 사고가 치밀한 유형"

SKILL

### 성격 특성

- 어떤 문제를 곰곰이 생각하며 몰두하기를 좋아한다.
- 철저하게 생각하기 때문에 의사결정이 신중하고, 실수하는 것을 꺼린다.
- 구조 지향적이어서 어떤 큰일을 다루기에 적절한 범위로 자르는 것을 잘하고, 분업에 대한 감각도 좋다.
- 집중력이 강한 만큼 세상 관심사에 서툰 경우가 많다.
- 자신이 관심을 가지는 영역이 어느 정도 정리될 때까지는 다른 영역에 무관심하다.
- 침착하고 꼼꼼하여 원리를 찾는 작업에 능하며, 객관적 시각이 뛰어나고, 논리 전개가 엄밀하다.

### 이들을 코칭할 때 고려할 점

- 결과에 앞서 사실과 문서를 통해 데이터를 제시한다.
- 시종일관 의제의 초점을 유지하고 끝나면 마무리한다.
- 일의 질과 신뢰성을 강조한다.
- 가벼운 마음을 갖도록 격려한다. = '그럴 수도 있지'
- 세부적인 것에서 한발 물러나 전체를 보도록 돕는다.

## 실행 계획 수립 Action plan

◈ S 파트(part)에서 배우고 느낀 것은 무엇입니까?

1.

2.

3.

◈ 여기에서 배운 것을 일상생활이나 직장생활에 적용한다면 어떤 효과가 있을 것으로 예상하십니까?

1.

2.

3.

◈ 여기에서 배운 것을 구체적으로 적용한다면?

1. 언제 :

2. 어디서 :

3. 누구에게 :

# ATTITUDE

# 3

A1. 코치 되기

A2. 코치가 되기 위한 실행 계획 세우기

A3. 코칭 윤리

A4. 코치 자격 인증시험 절차

FINIS

# A1

# 코치 되기

# A11 코치가 지녀야 할 태도

누구나 코치가 되길 바라지만, 아무나 코치가 되는 것은 아니다. 코칭 기술을 배우고 익히며, 꾸준히 그것을 연마했다고 해서 모두 코치가 되는 것은 아니다. 전문코치가 되거나 코칭 비즈니스 전개 여부는 개인의 열정과 용기, 그리고 의지에 달려 있다. 그러나 그것보다 더 중요한 것은 코치가 지녀야 할 올바르고 적절한 태도 attitude이다.

태도는 한 사람이 세상에 접근하는 방식이고, 문제에 다가가는 각도이다. 어떤 일이나 상황 따위를 대하는 마음가짐 또는 관점을 말한다. 태도는 한 사람의 내적 상태를 가장 잘 나타내는 것 가운데 하나이다.

코치는 코칭 관련 일이나 상황에 대한 접근 방식, 코칭 고객을 대하는 마음가짐, 동료 코치를 응대하는 양식, 그리고 코치로서 자신을 바라보는 관점 등 태도에 관한 자신만의 분명한 생각을 가져야 한다.

# A12 코치가 되려는 자신에게 던지는 질문



코치가 되어 다른 사람을 돕기 바란다면, 코칭 기술을 배워 관련 자격증을 취득하기 전에 다음과 같은 질문에 관한 자신만의 대답을 지니고 있어야 한다.

1. "사람을 진심으로 존중한다는 것은 내게 어떤 의미인가?"

2. "다른 사람을 진정으로 돕는다는 것은 내게 어떤 의미가 있는 일인가?"

3. “나는 코칭에 대해 진지하게 알아보기 위해 얼마나 준비가 되어 있는가?”

4. “내가 가지고 있는 특별한 장점과 역량은 무엇인가?”

5. “내가 코치가 되는 데 활용할 수 있는 자원은 무엇인가?”

# A13 코칭 패러다임으로의 전환

코치가 되기로 마음먹었다면, 이제 코칭 패러다임Paradigm으로 생각하고 행동해야 한다. 코칭 패러다임이란, '코칭을 바라보는 관점, 코칭 고객에 대한 마음가짐, 그리고 코칭을 진행하는 접근 방식 등에 대한 일종의 틀framework과 사고방식'이다.

ATTITUDE

- 나의 강점을 발견, 인정, 강화한다.
- 잠재력을 발휘할 수 있도록 임파워먼트를 제공한다.
- 가능성을 인정하고 그것을 발휘하도록 돕는다.
- 상대방이 스스로 자신의 문제를 해결하도록 돕는다.
- 지속적인 성과 향상을 추구하고 구성원들을 참여시킨다.
- 상대의 노력과 성장을 격려하고 칭찬해 준다.
- 상대의 말을 공감하고 이해하면서 경청한다.
- 상대를 비판, 판단, 충고하지 않는다.
- 문제 해결을 위해 다른 사람들과 효과적으로 협력한다.
- 건강하고 균형 잡힌 생활을 유지한다.

## Coaching Game 15 "코칭 패러다임"

◈ 앞에서 제시된 코치 패러다임 가운데 자신이 특별하게 유지, 발전시키려는 3가지를 고르고, 그 이유를 적어 봅시다.

1.

2.

3.

# A14 전문 분야 선정을 위한 자기 점검 질문

ATTITUDE

코칭에는 여러 분야가 있다. 크게 보면, 비즈니스 코칭, 커리어 코칭 및 라이프 코칭으로 분류할 수 있다. 당연히 세분하면 상당히 많은 전문 분야의 코칭이 있다. 그 가운데 자신이 집중할 분야를 선정하는 것도 의미 있는 일이다.

1. "내가 가장 선호하는 분야는 무엇인가?"

2. "내가 그 전문 분야에 마음이 끌리는 이유는 무엇인가?"

3. "나의 코칭을 매력 있게 만들 요소는 무엇인가?"

4. "나만이 제공할 수 있는 5가지 고급 서비스는 무엇인가?"

5. "내게 전문적인 도움을 줄 수 있는 사람은 누구인가?"

6. "나의 동료 코치는 누구이며, 그들은 어떤 장점과 역량을 지니고 있는가?"

1) 이름 :

장점과 역량 :

2) 이름 :

장점과 역량 :

3) 이름 :

장점과 역량 :

ATTITUDE

A15

# 코치의 강점 발견과 역량 강화

코치는 코칭 고객이 자신의 가능성을 발견하고 잠재력을 발휘하여 그가 원하는 방향으로 성장하도록 돕는 사람이다. 이때 코치가 훈련되고 준비된 전문가라면 금상첨화이다.

물론 특정 분야의 전문가가 아닌 사람도 얼마든지 코칭을 진행할 수 있다. 하지만 어느 분야의 코치가 전문적인 식견을 가지고 있다면, 해당 분야의 이슈를 해결하고자 하는 코칭 고객과 코칭을 진행하면서 큰 도움이 될 것이다.

이런 차원에서 코치는 자신만의 강점을 발견하고 역량을 개발하여, 그것이 더욱 강해지도록 최선의 노력을 다해야 한다. 그러기 위해 다음 질문에 대한 자신만의 대답을 지니고 있을 필요가 있다.

1. “코치로서 내가 가지고 있는 특별한 장점은 무엇인가?”

2. “나는 코칭 고객에게 어떤 특별한 이익을 줄 수 있는가?”

ATTITUDE

3. “나는 어떤 분야의 전문적인 식견과 경험을 지니고 있는가?”

4. “나는 어떤 분야에 대해 좀 더 공부하고 연구할 필요가 있는가?”

# A2

# 코치가 되기 위한 실행 계획 세우기

# A21 코칭 전반에 대한 나의 이해도 평가하기

◈ 현재 내 수준을 다양한 기준으로 점검해 보자.

**<표 A2-1>** 나의 코칭 이해도 평가

| 구분 | | 현재 수준(○) : 필요 수준(☆) | | | | | |
|---|---|---|---|---|---|---|---|
| | | 0 | 1 | 2 | 3 | 4 | 5 |
| 코칭에 대한 이해와 지식 | | | | | | | |
| 핵심적인 코칭 스킬 | 경청하기 | | | | | | |
| | 질문하기 | | | | | | |
| | 피드백하기 | | | | | | |
| 코칭 대화 프로세스 | | | | | | | |
| 코칭 프로세스 | | | | | | | |
| 코칭 스타일 | | | | | | | |
| 코칭 마케팅 | | | | | | | |

※ 보기

- 0 : 전혀 모르는 상태
- 1 : 관련 지식을 약간 알고 있고, 해당 기술을 약간 익힌 상태
- 2 : 관련 지식을 어느 정도 알고 있고, 해당 기술을 어느 정도 익힌 상태
- 3 : 관련 지식을 잘 알고 있고, 해당 기술을 많이 익힌 상태
- 4 : 혼자 코칭을 진행할 수 있는 상태
- 5 : 혼자 코칭을 진행할 수 있고, 다른 코치를 교육하여 양성할 수 있는 상태

◈ 앞에서 언급한 해당 기준의 수준을 내가 바라는 필요수준까지 높이기 위해 앞으로 4주 동안 실행할 수 있는 구체적인 행동은 무엇인가?

1. 

2. 

3. 

ATTITUDE

# A22 나의 코칭 스타일

◈ 나는 어떤 유형의 코칭 스타일을 가지고 있는가?

◈ 내 코칭 스타일의 장점은 무엇인가?

## ◈ 내가 다른 사람과 코칭을 진행할 때 주의해야 할 점은 무엇인가?

(내가 스스로 본 관점)

(동료가 나를 본 관점)

# A23 나의 코칭 수준 향상을 위한 실행 목표

## 코칭 실습 목표

| 구분 | 성명 | 직업 | 관계 | 연락처 | 코칭 일자 |
|---|---|---|---|---|---|
| 팀원 | | | | | |
| | | | | | |
| | | | | | |
| | | | | | |
| 지인 | | | | | |
| | | | | | |
| | | | | | |
| | | | | | |

## 코치 자격 취득 목표

| 내용 | 달성 예정 일자 |
|---|---|
| 코칭 실습 25시간 달성 | |
| 코칭 실습 50시간 달성 | |
| 코치 자격 인증시험(KAC) 응시 | |
| 코치 자격 인증시험(KPC) 응시 | |

## 코칭 비즈니스 목표 및 실행 점검

| 내용 | 달성 예정 일자 | 실시 여부 |
| --- | --- | --- |
| 코칭 고객 명단 작성하기 | | |
| 무료 코칭 제공하기 | | |
| 자기소개서 작성하기 | | |
| 네트워크 구축하기 | | |
| 유료 코칭 시작하기 | | |
| 코칭 교육 시작하기 | | |
| 코치 전업 전환 계획 세우기 | | |
| 각종 커뮤니티 가입하기 | | |
| 사무실 개설 계획 세우기 | | |
| 사무실 개설하기 | | |
| 코칭 프로젝트 추진하기 | | |
| 관련 인쇄물 제작하기 | | |
| 추가 교육 훈련 수강하기 | | |
| | | |
| | | |
| | | |

# A3

# 코칭 윤리

# A31 코칭 윤리의 정의

코칭 윤리는 '코치가 코칭을 진행하는 전체 과정에서 지켜야 할 인간적인 도리道理와 도덕적 규범規範'을 말한다.

윤리倫理는 사전辭典적 의미로, '사람으로서 마땅히 행하거나 지켜야 할 도리'라 정의한다. 그렇다면, 코칭 윤리는 직업인이자 전문가로서 코치가 마땅히 행하거나 지켜야 할 도리라고 할 수 있다. 즉, 코칭 윤리는 코칭 고객의 이슈 해결을 돕는 전체 과정을 진행하는 데 있어서 코치가 지켜야 할 행동 규범과 코치로서 지녀야 할 인간적인 도리라고 할 수 있다.

그런데 여기서 주목할 것이 있다. 코칭에서 이루고자 하는 목적 달성이 중요한 것이지만, 그것만이 최상의 목적은 아니라는 점이다. 목적에 이르는 데 활용되는 수단과 과정도 정당하고 바른 것이어야 한다.

# A32 한국코치협회의 코칭 윤리

## 윤리 강령

1. 코치는 개인적인 차원뿐만 아니라 공공과 사회의 이익도 우선으로 합니다.

2. 코치는 승승勝勝의 원칙에 의거하여 개인, 조직, 기관, 단체와 협력합니다.

3. 코치는 지속적인 성장을 위해 학습합니다.

4. 코치는 신의성실의 원칙에 의거하여 행동합니다.

한국코치협회는 위 윤리 강령을 바탕으로 기본 윤리(제1~2조), 코칭에 관한 윤리(제3~5조), 직무에 관한 윤리(제6~8조) 및 고객에 대한 윤리(제9~10조) 등에 관한 윤리규칙을 제정, 활용하고 있다(자세한 윤리 규칙 사항은 부록 참조). 그리고 코치 자격 인증 과정에서 '코치 윤리 강령 준수 서약서'를 반드시 확인하고 있다.

# A33

# 국제코치연맹의 윤리 강령

국제코치연맹International Coach federation에서도 코치가 지켜야 할 윤리 규정을 총 25개 항으로 나누어 제정, 관련 사항을 준수하도록 의무화하고 있다.

1. 전문인으로서 해야 할 행동에 관한 규정(제1~8항)

: 코치의 정직성과 그것을 이행하지 않았을 경우 생기는 법적 문제, 코치의 전문성과 역할

2. 이해 상충에 관한 규정(제9~12항)

: 코칭 과정에서 생기는 이해 상충 문제, 코칭 행위에 대한 올바른 보상

3. 고객에 관한 규정(제13~21항)

: 잘못된 정보 제공 금지, 계약 사항 철저 준수, 부적절한 신체 접촉과 성관계 금지

4. 비밀 유지와 사생활에 관한 규정(제22~25항)

: 고객에 대한 철저한 비밀 유지, 관련자들의 사생활 비밀 유지 등

# A4

# 코치 자격 인증시험 절차

A41

# 한국코치협회 지원 요건(ACPK)

**<표 A4-1> 코치 자격 인증 지원 요건(한국코치협회)**

<table>
<tr><th>구분</th><th>KAC</th><th>KPC</th><th>KSC</th></tr>
<tr><td>지원 자격</td><td>코칭교육 수료 및 코칭(실습) 종료 후</td><td>KAC 취득 후 6개월 이상</td><td>KPC 취득 후 1년 이상</td></tr>
<tr><td>지원서</td><td colspan="3">별도 양식</td></tr>
<tr><td>서약서</td><td colspan="3">코치 윤리 강령 준수 서약서</td></tr>
<tr><td>교육 시간</td><td>20시간</td><td>60시간</td><td>150시간</td></tr>
<tr><td>코칭 시간</td><td>50시간</td><td>200시간</td><td>800시간</td></tr>
<tr><td>멘토 코칭 받기</td><td></td><td>KAC 취득 후 6개월 이상 5시간</td><td>KPC 취득 후 6개월~1년 미만 10시간</td></tr>
<tr><td>고객 추천서</td><td colspan="2">2인 각 1통(총 2통)</td><td>-</td></tr>
<tr><td>코치 추천서</td><td>KAC 2인 이상 각 1통(총 2통)</td><td>KPC 2인 이상 각 1통(총 2통)</td><td>KSC 2인 이상 각 1통(총 2통)</td></tr>
<tr><td>필기시험</td><td colspan="2">온라인으로 실시</td><td>에세이 제출</td></tr>
<tr><td>실기시험</td><td>10분 시연</td><td>15분 시연</td><td>30~40분 시연</td></tr>
<tr><td>인증 심사비</td><td>20만 원</td><td>30만 원</td><td>40만 원</td></tr>
<tr><td>코치 자격 유지 기간</td><td>3년 주기 연장</td><td colspan="2">5년 주기 연장</td></tr>
<tr><td rowspan="2">자격 유지 보수 교육</td><td>인증 후 3년간 30시간 교육 참가</td><td>인증 후 5년간 50시간 교육 참가</td><td>인증 후 매년 10시간 교육 참가</td></tr>
<tr><td colspan="3">협회 역량 교육(교육위원회 주관), 협회/지부 월례 세미나(1시간/회), 코치 대회(4시간/회), ACPK 인증 프로그램 수강</td></tr>
<tr><td>의무 사항</td><td colspan="3">* 인증자격 유지를 위해서는 협회 정회원 이상의 자격 유지 필요<br>* 각 코치 인증 자격 취득 후, 자격 유지 보수 교육 필수</td></tr>
</table>

※ KPC 응시를 위한 교육 시간 60시간 중 '기본 인증 프로그램'은 최대 20시간 인증되고, '심화 인증 프로그램' 20시간 이수는 필수이다. 나머지 20시간은 심화 또는 '역량 강화 인증 프로그램' 중에서 선택할 수 있음

# A42 국제코치연맹 코치자격 인증 지원 요건

- 국제코치연맹International Coach Federation

  : www.coachfederation.org

**<표 A4-2>** 코치 자격 인증 지원 요건(국제코치연맹)

| 구분 | | 필요 시간(이상) | | 기타 | |
|---|---|---|---|---|---|
| | | 교육 | 코칭 | | |
| 국제코치연맹 ICF | ACC Associate Certified Coach | 60 | 100 | 무료 코칭 시간 | 25시간 이하 |
| | PCC Professional Certified Coach | 125 | 750 | | 75시간 이하 |
| | MCC Master Certified Coach | 200 | 2,500 | | 250시간 이하 |

# 참고문헌


김명근(2003). 애로희락의 심리학. 개마고원.

김주엽 · 송계충 · 정범구 · 박상언(2012). 조직행위론(제3판). 경문사.

게리 콜린스(양형주 · 이규창 역, 2011). 게리 콜린스의 코칭바이블. 한국기독학생회출판부.

도로시 리즈(노혜숙 역, 2002). 질문의 7가지 힘. 더난출판.

로버트 하그로브(박재원 외 역, 2006). 불가능한 미래를 성취하는 마스터풀 코칭. 갬인갬북스.

에노모토 히데타케(황소연 역, 2004). 부하의 능력을 열두 배 키워주는 마법의 코칭. 새로운 제안.

이언 맥더모트 · 웬디 제이고(박정길 · 최소영 역, 2007). 코칭바이블. 웅진윙스.

조성진(2008). 코칭ABC. 심포지움출판사.

조성진(2009). 코칭이 자기효능감, 성과 및 가족관계에 미치는 영향과 이에 대한 감성지능의 조절효과. 충남대학교 대학원 박사학위논문.

조성진(2010). 코칭에센스. 씨앤씨글로벌(주).

조성진(2013). 대학생 코칭 프로그램 운영 효과 분석과 활성화 방향 모색. 코칭능력개발지, 15(3). 235-246.

조성진(2015). 진로설계와 코칭리더십. 정민사.

조성진(2018). 국내 코칭 연구 동향 및 향후 연구 방향: 진전(1995년~2017년)과 전망. 인적자원개발연구, 21(3). 249-313.

조성진 · 송계충(2010). 코칭 효과 연구를 위한 코칭 프로그램 개발과 평가. 인적자원개발연구, 13(1). 27-74.

존 휘트모어(김영순 역, 2007). 성과 향상을 위한 코칭리더십. 김영사.

한국코치협회(www.kcoach.or.kr)

Evered, R. D. & Selman, J. C.(1990). "Coaching and the art of management". *Organizational Dynamic*, 18(2). 16-32.

International Coach Federation(http://www.coachfederation.org)

Vikki, G. B.(2012). *Sourcebook Coaching History*. Createspace Independent Publishing Platform. 김상복 외 역(2015). 코칭의 역사. 코쿱북스.

Werner, J. M. & DeSimone, R. L.(2006). *Human Resources Development*. Thomson: South-Western.

# APPENDIX

# 부록

1. 코칭 사례
2. 코칭 마이크로 트레이닝
3. 코칭 역량 : (사)한국코치협회
4. (사)한국코치협회 윤리 규정
5. 소논문 : 사상체질에 대한 이론적 고찰과 코칭의 접목 가능성

1

# 코칭 사례

(2009.2)

중견 간부인 코칭 고객(K 씨)은 스스로 생각하기에 자신이 맡은 일을 정말 열심히 잘했다고 생각하고 있었다. 그러나 동료 및 부하들과의 관계에서 많은 어려움을 겪었고, 고민하던 끝에 코칭을 받게 되었다.

다음은 여러 차례 진행한 코칭 회기session 가운데 한 부분을 그의 동의하에 정리, 공개하는 것이다. (대화를 간단히 처리하기 위해 따옴표를 생략했다. 괄호 안에 *이탤릭체*로 쓴 부분은 K 씨의 비언어적인 몸짓이나 표정을 말한다)

**코치 :** 요즘 어떻게 지내십니까?

**고객 :** 요즘 배우는 것이 너무 재미있습니다. 지난번 코칭 교육 정말 좋았습니다. 이런 것을 좀 일찍부터 알았더라면 좋았을 텐데 아쉬움이 큽니다.

**코치 :** 아, 그렇군요. 앞으로 배운 것을 잘 적용하시면 됩니다. 자, 오늘은 어떤 주제를 가지고 얘기를 해 볼까요?

**고객 :** 직장 얘기를 좀 하고 싶습니다. 저는 △△△ 부서에서 일하고 있는데, 정말 열심히 일했습니다. 꼼꼼하게 일 처리를 잘해서 자부심도 느꼈고, 함께 일하자는 상사들도 많았습니다. 그런데… (*K 씨는 하던 말을 잠시 멈추고 심각한 표정을 지었다*)

**코치 :** …

**고객 :** 그런데 지금은 같이 일하자고 하는 사람도 없고, 직원들이 말도 안 하고 심지어 피합니다. 저녁에 함께 식사하자고 하면 모두 피합니다. 그래서 그런지 다면평가 결과도 좋지 않게 나와서 정말 답답하고 힘이 듭니다. 일의 능률이 오르지 않고, 아침에 출근하기도 싫습니다. *(K 씨는 잠시 고개를 떨어뜨렸다)*

**코치 :** 본인은 열심히 잘해 보려는데, 주위 반응이 좋지 않아 정말 힘드시겠군요. 그동안 어떤 일들이 있었는지 좀 더 자세히 말씀해 주실 수 있습니까? *(K 씨는 기다렸다는 듯이 고개를 다시 들고 말하기 시작했다)*

**고객 :** 예, 그렇습니다. 제가 원래 ㅁㅁㅁ 사투리를 좀 심하게 쓰는 편입니다. 그래서 말의 억양이 좀 강합니다. 그런데 어느 날, 부하 직원에게 어떤 일을 가르쳐 줄 때 '이번 한 번이 끝이니 나중에 모르면 나한테 다시 묻지 말고 잘 배워라' 이렇게 말하곤 했지요. 부하 직원은 당시에는 잠시 서운하게 생각했지만, 시간이 흐르고 난 뒤에는 '그때 참 잘 배웠다며 감사했다'고 말했습니다. 그런데 지금은 많이 달라졌습니다. 그래서 상사와 부하의 눈치를 모두 보아야 하는 상황입니다. 그러다 보니 상사에게는 인정을 못 받고 부하들에게는 따돌림을 당했습니다. 심지어 민원이 발생하기도 했습니다.

**코치 :** 그러시군요. 한마디로 사면초가이시군요. 그렇다면 지금 정말 원하는 것이 무엇입니까?

**고객 :** 직장 동료들과 원활하게 의사소통을 했으면 좋겠습니다. 그리고 제 대화 방법을 좀 바꾸었으면 좋겠습니까?

**코치 :** 아, 그렇게 되길 원하시는군요. 바라는 상황을 좀 더 구체적으로 말씀해 보시겠습니까? *(K 씨의 표정이 조금씩 밝아지면서 말하는 속도가 조금 전보다 약간 빨라지기 시작했다)*

**고객 :** 동료들과 예전처럼 업무 얘기도 편하게 주고받고, 퇴근 후에 함께 식사하고 싶습니다. 그리고 의사소통이 원활해져 속을 터놓고 얘기하고 싶습니다. 그래서 (인사) 고과점수도 잘 받고 싶고, 다면 평가에서도 좋은 평가를 받고 싶습니다. 그런 일들이 계속되다 보면 사무관으로 승진하기도 하겠지요. *(승진이라는 단어가*

*나오면서 K 씨의 표정은 더욱 밝아졌고, 입가에는 미소가 보였다)* 이런 일들이 빨리 왔으면 좋겠습니다. 그런 날이 제게도 오겠지요?

**코치 :** 그럼요. 당연히 오지요. 저 역시 K 씨께 그런 날이 빨리 오기를 기원합니다. 그렇게 되기 위해 K 씨께서는 어떤 것들을 하실 수 있습니까?

**고객 :** 제가 원래 좀 직설적입니다. 그래서 항상 제가 하는 말이 제 속마음과 다르게 전달되어 상대방이 상처를 받는 경우가 종종 있었습니다. 그런데 이제는 좀 더 상대방을 배려하면서 말을 해야겠습니다. 그리고 상대방의 얘기를 먼저 경청한 다음 내 얘기를 해야겠습니다. 또 제가 워낙 꼼꼼한 성격이라 부하들에게 일을 가르쳐 줄 때는 정말 상세하게 잘 가르쳐 줍니다만, 지금부터는 그들이 이해할 때까지 기다려주며 가르쳐 주어야겠습니다. 그러다 보면 예전과 같은 좋은 관계로 회복될 것 같습니다.

**코치 :** 아주 좋은 계획입니다. 그 가운데 먼저 시작해 볼 것은 어떤 것입니까?

**고객 :** 다른 무엇보다 상대방의 얘기를 경청하는 것을 먼저 실행해 보도록 하겠습니다. 제 부하 직원에게 먼저 시도해 보겠습니다.

**코치 :** 그러시겠어요? 제가 어떤 것을 도와 드리면 좋겠습니까?

**고객 :** 코치님과 대화 연습을 한번 해 보면 좋겠습니다. 도와주시겠습니까?

**코치 :** 당연히 도와 드려야죠. 최선을 다해 돕겠습니다. 그럼 ○월 ○일 ○시 어떻습니까?

**고객 :** 도와주셔서 감사합니다. 제가 그 시간에 코치님께 전화를 드리겠습니다. 그러면 제가 잘 경청하는지 점검해 주십시오.

**코치 :** 예, 그러지요. 그리고 다음 코칭은 일주일 후 ○시로 정할까 합니다. 그때는 어떤 일들이 잘 진척되었는지에 대한 얘기를 듣고 싶습니다.

**고객 :** 감사합니다. ○일 ○시에 전화를 드리겠습니다. *(K 씨는 코칭을 받으러 올 때와는 전혀 다른 밝은 표정을 지으며 코칭 룸을 떠났다)* (끝)

# 2 코칭 마이크로 트레이닝

부록

코칭 마이크로 트레이닝coaching micro-training이란, 효과적인 코칭 진행에 필요한 것들을 익히고, 훈련하는 데 활용하는 방법이다.

다시 말하면, 이것은 코칭 교육 수강생이 P·O·W·E·R 웰빙 코칭 프로그램의 코칭 철학 및 코칭 모델, 그리고 iCAN 코칭 대화 프로세스(iCAN 전략적 모델)에 따라 한 회기의 코칭 과정을 진행하고(역할 연기), 해당 내용을 전문코치의 현장 슈퍼비전supervision이나 비디오 감상을 통해 피드백하는 것이다.

코칭 마이크로 트레이닝은 코칭과 관련된 코칭 수강생 자신의 숙련도를 점검할 뿐만 아니라, 현장에서 자주 활용되는 대면 코칭face to face coaching 기술을 개발시키고, 현장 코칭 경험을 쌓는 데 효과적이다.

# 코칭 마이크로 트레이닝의 점검 포인트

- 코칭 고객과 관계rapport를 잘 형성하는가?

- 코칭 대화 프로세스대로 잘 진행하는가?

: 정형화하기(i) → 상황 파악하기(C) → 실행 계획 수립하기(A) → 양육 지원하기(N)

: 코칭 스킬을 적절하게 잘 활용하는가?

- 경청하기, 질문하기, 지지적 피드백(칭찬/인정)하기

: 코치로서 적절한 태도를 지니고 있는가?

- 코칭 고객의 존중, 성실한 태도, 준비사항 점검 등

: 기타

- 듣기와 말하기의 비중, 반복적인 언어 습관, 침묵 활용 여부 등

# 코칭 마이크로 트레이닝 점검표(예)

(20 년 월 일)

| 성명 | | 연락처 | |
|---|---|---|---|
| 특기 사항 | | | |

| 점검 항목 | | 점수 | | | | |
|---|---|---|---|---|---|---|
| | | ① | ② | ③ | ④ | ⑤ |
| 1 | 코칭 고객과 관계(rapport)를 잘 형성하는가? | | | | | |
| 2 | 코칭 고객의 감정을 잘 이해하고 공감하는가? | | | | | |
| 3 | 열린(open) 질문을 잘 수행하는가? | | | | | |
| 4 | 코치가 궁금한 것을 묻지 않는가? (유도 질문 포함) | | | | | |
| 5 | 경청과 말하기의 비중이 80 : 20으로 잘 유지되는가? | | | | | |
| 6 | 경청하는 도중에 인정과 축하를 잘 수행하는가? | | | | | |
| 7 | 침묵을 적절히 활용하는가? (급하게 서두르지 않나?) | | | | | |
| 8 | 코칭 고객의 이슈(의제)를 잘 다루고 있는가? | | | | | |
| 9 | 코칭 고객이 말하는 내용의 핵심을 잘 이해하는가? | | | | | |
| 10 | 코치 자신의 의견과 주관으로 판단하지 않는가? | | | | | |

| 총점 | / 50 | / 50 | / 50점(최종) |
|---|---|---|---|
| 총평 | | | |

# 3 코칭 역량 : (사)한국코치협회

| 그룹 | No. | 11가지 코칭 역량 |
|---|---|---|
| 기초 세우기<br>Setting the Foundation | 1 | 윤리 지침과 직업 기준 충족시키기<br>Meeting Ethical Guideline and Professional Standards |
| | 2 | 코칭 동의서 만들기, 코칭 관계에 합의하기<br>Establishing the Coaching Agreement |
| 공동의 관계 구축<br>Co-creating the Relationship | 3 | 고객과의 신뢰 및 친밀감 조성, 친분 쌓기<br>Establishing Trust and Intimacy with the Client |
| | 4 | 함께 해 주는 코칭, 코치로서의 존재감<br>Coaching Presence |
| 효과적인 의사소통<br>Communicating Effectively | 5 | 적극적으로 경청하기<br>Active Listening |
| | 6 | 강력한 질문하기, 효과적인 질문하기<br>Powerful Questioning |
| | 7 | 직접 대화법, 직접적인 의사소통<br>Direct Communication |
| 배움과 결과 촉진<br>Facilitating Learning and Results | 8 | 자각 인식하기, 의식 확대하기<br>Creating Awareness |
| | 9 | 행동 설계하기<br>Designing Actions |
| | 10 | 계획 수립과 목표 설정, 세부 실행 계획<br>Planning and Goal Setting |
| | 11 | 진행 상황과 책임 관리<br>Managing Progress and Accountability |

# 4 (사)한국코치협회 윤리 규정

## 윤리 강령

1. 코치는 개인적인 차원뿐만 아니라 공공과 사회의 이익도 우선으로 합니다.
2. 코치는 승승의 원칙에 따라 개인, 조직, 기관, 단체와 협력합니다.
3. 코치는 지속적인 성장을 위해 학습합니다.
4. 코치는 신의성실의 원칙에 따라 행동합니다.



## 윤리 규칙

### 제1장 기본 윤리

#### 제1조(사명)

1. 코치는 한국코치협회의 윤리 규정에 준거하여 행동합니다.
2. 코치는 코칭이 고객의 존재, 삶, 성공 그리고 행복과 연결되어 있음을 인지합니다.
3. 코치는 고객의 잠재력을 극대화하고 최상의 가치를 실현하도록 돕기 위해 부단한 자기 성찰과 끊임없이 공부하는 평생학습자(life learner)가 되어야 합니다.
4. 코치는 자신의 전문 분야와 삶에 있어서 고객의 역할 모델이 되어야 합니다.

#### 제2조(외국 윤리의 준수)

코치는 국제적인 활동을 함에 있어 외국의 코치 윤리 규정도 존중하여야 합니다.

### 제2장 코칭에 관한 윤리

#### 제3조(코칭 안내 및 홍보)

1. 코치는 코칭에 대한 전반적인 이해나 지지를 해치는 행위는 일절 하지 않습니다.

2. 코치는 코치와 코치 단체의 명예와 신용을 해치는 행위를 하지 않습니다.
3. 코치는 고객에게 코칭을 통해 얻을 수 있는 성과에 대해서 의도적으로 과장하거나 축소하는 등의 부당한 주장을 하지 않습니다.
4. 코치는 자신의 경력, 실적, 역량, 개발 프로그램 등에 관하여 과대하게 선전하거나 광고하지 않습니다.

### 제4조(접근법)

1. 코치는 다양한 코칭 접근법(approach)을 존중합니다. 코치는 다른 사람들의 노력이나 공헌을 존중합니다.
2. 코치는 고객이 자신 이외의 코치 또는 다른 접근방법(심리치료, 컨설팅 등)이 더 유효하다고 판단될 때 고객과 상의하고 변경하도록 촉구합니다.

### 제5조(코칭 연구)

1. 코치는 전문적 능력에 근거하며 과학적 기준의 범위 내에서 연구하고 보고합니다.
2. 코치는 연구할 때 관계자로부터 허가 또는 동의를 얻은 후 모든 불이익으로부터 참가자가 보호되는 형태로 연구합니다.
3. 코치는 우리나라의 법률에 준거해 연구합니다.

## 제3장 직무에 관한 윤리

### 제6조(성실의무)

1. 코치는 고객에게 항상 친절하고 최선을 다하며 성실하여야 합니다.
2. 코치는 자신의 능력, 기술, 경험을 정확하게 인식합니다.
3. 코치는 업무에 지장을 주는 개인적인 문제를 인식하도록 노력합니다. 필요할 경우 코칭의 일시 중단 또는 종료가 적절한지 등을 결정하고 고객과 협의합니다.
4. 코치는 고객의 모든 결정을 존중합니다.

### 제7조(시작 전 확인)

1. 코치는 최초의 세션 이전에 코칭의 본질, 비밀을 지킬 의무의 범위, 지불 조건 및 그 외의 코칭 계약 조건을 이해하도록 설명합니다.
2. 코치는 고객이 어느 시점에서도 코칭을 종료할 수 있는 권리가 있음을 알립니다.

### 제8조(직무)

1. 코치는 고객 혹은 고객 후보자에게 오해를 부를 우려가 있는 정보 전달이나 충고를 하지 않습니다.
2. 코치는 고객과 부적절한 거래 관계를 맺지 않으며 개인적, 직업적, 금전적인 이익을 위해 의도적으로 이용하지 않습니다.
3. 코치는 고객이 스스로나 타인에게 위험을 미칠 의사가 분명할 경우 한국코치협회 윤리위원회에 전달하고 필요한 절차를 취합니다.

## 제4장 고객에 대한 윤리

### 제9조(비밀의 의무)

1. 코치는 법이 요구하는 경우를 제외하고 고객의 정보에 대한 비밀을 지킵니다.
2. 코치는 고객의 이름이나 그 외의 고객 특정 정보를 공개 또는 발표하기 전에 고객의 동의를 얻습니다.
3. 코치는 보수를 지급하는 사람에게 고객 정보를 전하기 전에 고객의 동의를 얻습니다.
4. 코치는 코칭의 실시에 관한 모든 작업 기록을 정확하게 작성, 보존, 보관, 파기합니다.

### 제10조(이해의 대립)

1. 코치는 자신과 고객의 이해가 대립하지 않게 노력합니다. 만일 이해의 대립이 생기거나 그 우려가 생겼을 경우, 코치는 그것을 고객에게 숨기지 않고 분명히 하며, 고객과 함께 좋은 대처 방법을 찾기 위해 검토합니다.
2. 코치는 코칭 관계를 해치지 않는 범위 내에서 코칭 비용을 서비스, 물품 또는 다른 비금전적인 것으로 상호 교환(barter)할 수 있습니다.

## 부칙

제1조. 이 윤리 규정은 2012. 01. 01.부터 시행한다.
제2조. 이 윤리 규정에 언급되지 않은 사항은 한국코치협회 윤리위원회의 내규에 준한다.

5

# 소논문 : 사상체질에 대한 이론적 고찰과 코칭의 접목 가능성

조성진

## Ⅰ. 서론

사람은 가장 기초적인 경제 활동의 주체요, 가치 창출의 주체이며, 또한 경영 혁신 활동의 주체이다. 그러므로 기업경영이나 각종 형태의 조직 관리에서 사람은 가장 중요한 경쟁력의 원천으로 인식되었고, 인적자원(human resource: HR)은 날마다 그 중요성을 더해가고 있다.

따라서 인적자원개발(human resource development: HRD)이나 인적자원관리(human resource management: HRM)의 가장 기본적인 관심 사항 가운데 한 가지는 모든 조직을 구성하고 있는 기본적 요소인 사람 그 자체와 집단과 조직 내에서 활동하고 있는 사람들 사이에서 일어나는 각종 현상과 문제를 분석하고 대안을 탐색하는 것이다. 즉, 조직구성원의 선발, 경력관리, 성과평가, 보상, 노사관계 등을 거쳐 궁극적으로 조직구성원의 만족과 자아실현을 어떻게 달성할 것인지에 대한 다각적인 분석과 대책 수립은 모두 사람에 대한 기초적인 이해에서부터 시작한다고 볼 수 있다.

그래서 인적자원 분야에 있어 사람에 대한 기본적인 이해는 필요불가결한 것이고, 예로부터 동서양을 막론하고 사람을 이해하기 위해 시도한 다양한 결과들, 특히 체질에 따라 인간을 유형화하여 이해하는 각종 방식을 인적자원 분야에 접목하는 것이다. 그런 노력 가운데 하나가 우리의 소중한 자산인 사상의학(四象醫學)에 대한 이해를 바탕으로 그것을 각 학문영역에 접목하려는 시도들이다.

그런데 인간을 유형으로 분류하는 것이 아주 위험한 방식일 수가 있다. 그 이유는 수많은 사람이 나와 '다른(different)' 사람들을 이해하려고 노력하기보다는 서로 다른 유형을 접하면 이를 우월한 것과 열등한 것으로 구분하려 들기 때문이다. 세상의 모든 갈등이 여기에서부터 비롯되고, 체질의 문제가 갈등이 원인이 되는 것은 서로 다른 두 가지 요소를 함께 가지고 있기 때문이다. 즉, 체질은 선천적이고 바뀌지 않아서, 체질이 다르면 세상을 받아들이고 세상에 대해서 자신을 표현하는 근본적인 방식이 달라진다.

그러나 대개 사람들은 다른 체질을 지닌 사람들의 행동 양식을 적당히 흉내 내며 살아가기 때문에 사람들 사이에 근본적인 차이가 노골적으로 드러나지 않고, 이것이 문제를 일으키는 것이다. 결국, 체질의 차이를 서로 '다름'으로 인정해야 하는데도 그것을 '극복'하는 대상으로 취급하기 때문에 갈등의 요소로 작용할 수밖에 없는 것이다.[1)]

따라서 본 논문에서도 사람을 우등하거나 열등한 것으로 분류하고자 하는 목적에서 체질을 알아보기보다는 '다른 것은 그냥 다른 것일 뿐'이라는 차원에서 사람의 유형을 분류하고, 그것에 기초하여 세상을 받아들이고 세상에 자신을 표현하는 방식으로서 체질을 이해하고자 하는 것이다. 그것을 바탕으로 사상의학과 코칭의 접목 가능성을 살펴볼 것이다.



# Ⅱ. 이론적 배경

## 1. 사상의학의 특징

사상의학(四象醫學)이란, 우리나라 조선 말엽에 실학사상의 영향으로 생겨나 1894년 동무(東武) 이제마(李濟馬)[2)] 선생에 의하여 유교적 사원구조(四元構造)를 기반으로 하여 창안된 사상체질의학(四象體質醫學)을 말한다. 이 사상의학은 독특한 사상구조론(四象構造論)을 바탕으로 사람을 '태양인(太陽人), 소양인(少陽人), 태음인(太陰人), 소음인(少陰人)'이라는 네 가지 유형으로 나누고, 각 체질에 대한 생리, 병리, 진단, 병증, 치료와 약물에 이르기까지 서로 연계를 가지며 임상에 응용할 수 있는 새로운 방향을 제시한 우수한 이론이다.

---

1) 김명근(2003)은 이런 관점에 착안하여 사상체질의학을 새로운 각도에서 분석하고, 그것을 바탕으로 체질의 문제를 해결하는 방법은 체질의 차이에 따른 마음의 출발점에 대해 이해하는 것과 각 체질의 한계를 극복하는 방법을 아는 것이라고 주장한다.

2) 신재용(2002), 14–34; 박금실(2002), 30–49.

사상의학은 다음과 같은 세 가지 특징이 있다.[3)]

첫째, 품수의학(稟受醫學)적 특징이 있다. 체질은 선천적으로 결정되므로 부모와 조상의 특징을 생김새와 성품에서 질병의 경향에 이르기까지 전하여 받는다는 것이다.

둘째, 심신의학(心身醫學)적 특징이 있다. 이제까지의 의학은 주로 우리의 눈이나 감각기관을 통하여 확인할 수 있는 환자의 신체만을 치료 대상으로 삼았다. 그러나 사람은 몸으로만 구성되어 있지 않고 마음이 함께 있어야만 사람으로서의 가치를 제대로 발휘할 수 있고, 따라서 병을 치료할 때도 몸과 마음을 동시에 다루어야 한다는 것이다. 그래서 사상의학은 한의학 중에서도 마음의 영향을 가장 크게 고려하여 사람들의 마음 쓰는 방식이 기본적으로 어떻게 다르며, 그런 마음 씀씀이가 장기에 어떤 영향을 미치는가를 고려하고 있다.

셋째, 체질의학(體質醫學)적 특징이 있다. 이것은 주로 치료 측면에 있어서 체질에 따라 그 특징이 다르므로 체질의 차이를 고려하여 같은 병이라 하더라도 치료방법을 다르게 적용할 필요가 있다는 것이다.

이상의 세 가지 특징 이외에도 사상체질은 인체구조에 대한 파악방법, 체질에 따른 생리와 병리의 차이, 약물선택에 대한 구분 등 지금까지의 의학 방법론에서 유래를 찾아볼 수 없었던 독특한 면을 지니고 있다.[4)]

## 2. 사상체질의 감별과 유형별 특징

### (1) 사상체질의 감별

사상의학의 가장 기본적인 책은 이제마가 쓴『동의수세보원(東醫壽世保元)』이다. 그에 따르면 체질은 크게 체형이나 외형에서 나타나는 느낌(容貌詞氣), 성격이나 심성(心性) 그리고 생리(生理)나 병이 들었을 때의 증상(症狀)을 관찰하여 진단한다. 마지막으로 병에 맞는 체질 한약을 먹거나 체질에 맞는 음식을 먹은 뒤의 반응을 통해 체질을 확진(確診)하게 된다.[5)] 좀 더 구체적으로 살펴보면 다음과 같다.

먼저 체형을 본다는 것은 인간이라면 누구나 기본적인 체형을 가지고 있어서 그 사람의 외

---

3) 한국사상체질의학회(www.esasng.com)

4) 송일병은 사상의학의 특징을 사원구조적(四元構造的) 의학, 인간 중심의 병리(病理) 의학, 심신균형적(心身均衡的) 치료 의학, 형상의학적(形象醫學的) 변증 체계라고 보고, 사상의학은 새로운 체질병증약리(體質病症藥理)를 제시하고 체질 관리를 이용한 양생의학(養生醫學)이라고 주장한다. 김수범(2000), 37-39.

5) 이의주(2002), 13-15; 조성진(2004), 9-17; 허훈(2003), 24-28.

모와 체형을 보고 체질을 구분하는 것이다. 외형에서 나타나는 느낌을 보려면 얼굴의 전체적인 윤곽과 생김새를 보면 된다. 그런데 요즘에는 성형수술의 발달로 눈, 코, 입, 턱 등의 형태가 달라지기 때문에 이를 염두에 두고 체질을 감별해야 한다.

다음으로 성격이나 심성을 구분하는 것은 성질과 재간(才幹), 항심(恒心, 항상 가지고 있는 마음), 심욕(心慾, 욕심) 등을 보는 것으로, 체질마다 특유의 성격적인 특징이 있어 병이 나거나 위급한 상황이 왔을 때 각기 다르게 나타나는 무의식적인 행동으로 보고 체질을 구분한다.

마지막으로 생리나 병증을 보는 것은 건강할 때의 대 · 소변, 땀, 소화 등의 생리적 증상과 질병에 걸렸을 때 나타나는 각기 다른 독특한 증상을 통해 체질을 구분하는 것이다.

그런데 사람의 체질을 정확하게 감별하기 위해서는 앞에서 언급한 세 가지 방법 중 어느 한 가지 지표만으로는 충분하지 않기 때문에 세 가지 방법을 종합적으로 판단하는 것이 무엇보다 중요하고 바람직하다.

사상의학에서 체질진단은 개개의 진료 목적뿐만 아니라 다양한 분야에서 그 결과를 활용할 수 있다는 차원에서 볼 때 일차적이고 기본적인 과정이다. 따라서 체질을 진단하는 것은 아주 중요한 일이고, 이 일은 지금까지 전적으로 한의사의 몫이었고 앞으로도 그럴 것이다. 그러나 사상의학에 기초한 체질진단 결과를 다른 분야와 접목하여 그 활용도를 높이기 위해서는 사상체질에 따른 진단을 좀 더 손쉽게 하는 방안이 필요하다.

그래서 보다 객관적인 사상체질 진단지표를 개발하려는 작업은 매우 중요한 문제이고, 실제로 그동안 이와 관련된 많은 시도와 노력이 이어졌다. 최근에는 한국한의학연구원을 중심으로 한의학의 세계화라는 차원에서 다양한 시도들이 계속되고 있어 무척 바람직하다.[6)]

### (2) 사상체질의 유형별 특징

전반적으로 보면, 태양(太陽)은 이치를 알리고 퍼뜨리고 하는 것에 관심이 가는 기운이고, 소양(少陽)은 구체적인 일을 알리고 퍼뜨리고 하는 것에 관심이 가는 기운이다. 또 태음(太陰)은 구체적인 일을 마무리하고 완성하는 일에 관심이 가는 기운이며, 소음(少陰)은 이치를 튼튼하게 하고 완성하는 일에 관심이 가는 기운이다. 이 네 가지 기운의 태양인, 소양인, 태음인, 소

---

6) 사상체질의학회에 따르면 사상체질진단의 객관화에 관한 연구논문들이 점점 많아지고 있고, 최근에는 다양한 방법으로 사상체질진단을 시도하고 있다. 그리고 기존에 개발된 '사상체질진단분류검사지(QSCC)'에 대해서도 그 신뢰성과 타당성을 높여가는 작업이 계속되고 있다. '사상체질분류검사지'의 표준화 연구에 관해서는 송일병·고병희·김선호(1996), 송일병·고병희·이정찬(1996), 성현제 외(2000), QSCCⅡ(2004) Ver. 2004 등을 참고하면 도움이 된다.

음인이 마음을 쓰는 가장 기본적인 기운이다.[7)]

〈표 1〉은 본능적 능력, 마음의 영역 그리고 행동의 영역을 기준으로 사상체질별 유형을 나누어 각 유형에 따른 사상기운(四象氣運)의 특성을 정리하고, 그것을 다시 K. Jung의 관점과 비교하여 정리한 것이다.[8)]

**<표 1>** 사상체질과 사상 기운

| 구분 | | 太陽 태양 氣運 기운 | 少陽 소양 氣運 기운 | 太陰 태음 氣運 기운 | 少陰 소음 氣運 기운 |
|---|---|---|---|---|---|
| 본능적 능력 | 性 성 | 哀性 애성 | 怒性 노성 | 喜性 희성 | 樂性 락성 |
| | 天機 천기 | 天時 천시 | 世會 세회 | 人倫 인륜 | 地方 지방 |
| | 情 정 | 哀情 애정 | 怒情 노정 | 喜情 희정 | 樂情 락정 |
| | 人事 인사 | 事務 사무 | 交遇 교우 | 黨與 당여 | 居處 거처 |
| 마음의 영역 | 博通 박통 | 籌策 주책 | 經綸 경륜 | 行檢 행검 | 度量 도량 |
| | 邪心 사심 | 驕心 교심 | 矜心 긍심 | 伐心 벌심 | 誇心 과심 |
| 행동의 영역 | 獨行 독행 | 識見 식견 | 威義 위의 | 才幹 재간 | 方略 방략 |
| | 怠行 태행 | 奪心 탈심 | 侈心 치심 | 懶心 나심 | 竊心 절심 |

※ 자료 출처 :김명근(2003)에서 발췌, 재정리

| K. Jung의 관점 (중시하는 것) | 직관이 강한 태양인 (주관/독창성 중시) | 감성이 풍부한 소양인 (보편/결과 중시) | 감각이 섬세한 태음인 (특수/과정 중시) | 사고가 치밀한 소음인 (객관/효율 중시) |
|---|---|---|---|---|

유형별 특징을 좀 더 구체적으로 살펴보면 다음과 같다.

### ① 태양인의 특징

체형은 상초부[9)]인 머리, 목덜미 부위가 상대적으로 발달하고 허리 부위가 가늘어서 기(氣)가 위로 치솟은 면이 있다. 눈에 광채가 있고 살이 찌지 않은 마른 편이며, 오래 걷거나 서 있

7) 사상체질을 제대로 이해하려면 '효(爻)'와 '괘(卦)'가 모여서 '음양(陰陽)'을 이루고, 이 음양을 동양학에서는 '리(理)'와 '기(氣)'로 나눈다는 것을 알아야 한다. 그러나 본 논문은 이것을 밝히는 것이 중요한 목적이 아니어서 '리(理)'는 이치, 원리라는 뜻이고, '기(氣)'는 구체화되어 드러나는 것을 말한다는 정도로 이해하면 될 것이다. '리'와 '기'라는 단어에 익숙하지 않다면 실질적인 쪽에 관심이 더 많으면 '음(陰)', 이론적인 것에 더 관심이 많으면 '양(陽)'이라고 생각하면 된다. 김명근(2003), 49-52.

8) 사상체질 유형별 심성에 관한 특징은 김명근(2003), 49-338에서 각각의 특징을 발췌, 정리한 것이다.

9) 상초부는 머리끝부터 목과 젖꼭지까지의 중간 지점까지를 말하고, 중상초부는 상초 끝부터 배꼽과 젖꼭지의 중간 지점까지를 말한다. 이동웅(1998), 57.

기 힘들다. 용모사기(容貌詞氣)는 건장하고 과단성이 있으며 깔끔하고 단아하다. 떳떳한 태도를 지닌 관계로 초연하고 거만해 보이며, 현실적인 면보다는 이상적인 면을 추구한다.

심성(心性)은 애성(哀性)으로 천시(天時)를 이해하며, 노정(怒情)으로 교우(交遇)를 행하는 것에 능한 사람이다. 또 태음 기운을 배울 때는 행검(行檢)에 도달하거나 벌심(伐心)이 빠지게 되며, 소음 기운을 배울 때는 방략(方略)에 도달하거나 절심(竊心)에 빠지는 사람이다.[10)]

태양인의 애성(哀性)은 '사람들이 무엇이 문제인지 모르고 잘못하고 있는 일들에 끼어들어서 바로 잡으려고 애쓰는 모습'이다. 과거에는 어울리고 꼭 필요했던 관습이나 제도라도 시간이 흐르면 어울리지 않게 되는 경우가 많은데, 이런 것을 먼저 파악하는 것이 태양인이다. 왜냐하면 천시(天時)가 바뀐 것을 알기 때문이다. 천시(天時)를 잘 듣는다는 것은 시간의 흐름을 안다는 것이다. 즉, 각각의 상황을 계속 변화하는 과정의 하나로 파악할 수 있는 능력이 태양인의 장점이다. 그래서 태양인은 하나의 영역에서 중점을 둘 부분과 부차적인 부분을 구분할 줄 알고 어디에 힘을 쏟는지를 잘 안다. 즉, 대충해도 될 일은 말 그대로 대충할 줄 아는 것이 태양인의 또 다른 장점이다. 특히, 주변 상황이 급격히 변화할 때, 주력할 부분을 빨리 파악하는 태양인의 능력은 큰 힘을 발휘한다.

태양인은 기본성향에 있어서 확실히 급진적인 면이 있다. 무엇보다 변화에 대한 두려움을 네 체질 중에서 가장 적게 느낀다. 따라서 기존의 체제를 바닥부터 흔드는 변화라 할지라도 그것이 옳다고 생각하면 주저 없이 이를 주장한다. 그래서 "그것은 옳지 않다."라는 말을 가장 쉽게 하고, 그 결과 당연히 기득권 세력과 부딪히는 경우가 많다. 그러나 태양인이 오류를 지적하는 부분은 그 상황 하나에 한정하여 지적하지, 임의로 확대하거나 폄하지 않으므로 사람들이 받아들이기 쉬운 면이 있다. 진보나 혁명이론을 제공하는 경우가 많고, 학술적인 방면으로 그 기질이 발휘되면 전혀 새로운 영역을 개척하는 선구자이다.

원래 태양인은 파벌을 간드는 일을 잘 하지 않는다. 이것은 근본적으로 교우(交遇)에 강하고,

---

10) 천기(天機)란 세상에 대한 인식이고, 인사(人事)란 세상과 부딪히며 하는 일을 의미한다. 그리고 성(性)과 정(情)은 각각 세상을 인식하고, 세상에서 일하기 위한 원동력이라고 생각하면 된다. 성과 정으로 천기를 이해하고 인사를 행하는 것은 본능적인 능력에 가까워서 쉽게 할 수 있는 일에 속한다. 즉, 태양인이 천시(天時)하고 교우(交遇)를 행할 때는 별로 잘못을 범하는 경우가 없다는 뜻이다. 그런데 자신이 천성적으로 약한 부분을 행할 때는 달라진다. 태양인이 태음 기운에 해당하는 천기인 인륜(人倫)을 이해하기는 쉽지 않다. 그러나 태양인이 꾸준히 노력하면 행검(行檢)에 도달하여 인륜을 능가하는 태음적인 이해를 얻을 수 있게 된다. 다만 어설프게 흉내 내려 들면 벌심(伐心)이라는 마음이 작동되어 그릇된 길로 가게 된다. 이를 각각 박통(博通)과 사심(邪心)이라고 부르는 것이다. 또 행동의 영역에서 약한 부분에 도전할 때, 즉 태양인의 경우라면 소음 기운을 익히려 할 때도 마찬가지이다. 바르게 익혀 방략(方略)의 경지에 가면 이를 독행(獨行)이라 부르며, 잘못되어 그릇된 길로 가서 절심(竊心)이 생겨나면 이를 태행(怠行)이라고 부르는 것이다. 김명근(2003), 47-48.

당여(黨與)나 거처(居處)에는 약하기 때문에 일어나는 현상이다. 교우(交遇)란 낯선 사람끼리 뜻을 같이하여 모이고 교류하는 것인데, 태양인이 조직을 만들어 낼 때는 열린 상태를 유지하면서 오는 사람 막지 않고 가는 사람 잡지 않는다. 그러나 가장 배타적인 파벌을 만드는 것도 태양인인데, 그것은 태양인이 어설프게 태음 기운의 당여(黨與)를 흉내 내기 때문에 나타나는 일이다.

태양인이 행검(行檢) – 어떤 일이 맞고 틀린 지 확인만 해 주어서 그 일이 스스로 굴러갈 수 있게 하는 방식 – 을 할 때는 천시(天時)에 대한 이해를 바탕으로 하여 방향 제시가 보다 명확하고 점검을 해 주는 지점이 확실하다. 태양인이 여러 사람과 관련된 공적인 일을 할 때는 상황을 정확하고 빠르게 인식하기 때문에 남에게 속을 일이 없다. 태양인이 태음인을 잘못 이해하고 어설프게 흉내 내는 모습이 벌심(伐心)인데, 자신과 생각이 다른 사람에 대해 지적할 때 행동을 일일이 통제하고, 지시하며, 틀렸다고 잘라낼 수 있다.

태양인이 타락하면 예(禮)를 무시하고 제멋대로 구는 비인(鄙人)이 되기 쉽다. 즉, 태양인은 자신의 직관대로 행동하는데, 그것을 주변 사람들이 자신의 직관에 따른 행동을 받아들일 수 있는지 없는지를 전혀 신경 쓰지 않는다는 것이다. 이런 비열함은 항상 남의 앞에 서려고 할 때 더욱 심해진다. 강한 것만을 추구하면 제멋대로 하는 마음이 점점 강해져 결국 비열함이 심해지는 것이다.

K. Jung의 관점에 따르면, 태양인은 한마디로 주관(主觀)과 독창성을 중시하는 직관(直觀)이 강한 유형이다. 직관이란 일이 돌아가는 이치와 원리를 수용하는 것으로 복잡하게 얽혀 있는 상황에서 핵심을 잡아내는 능력을 말한다. 즉, 연관된 정보들의 관계를 파악하면 부분에 치우치지 않고 핵심으로 가는 능력을 말한다. 태양인의 직관은 옳은 부분을 찾아내는 능력보다 천시(天時)에 맞지 않는 잘못된 부분을 찾아내는 쪽에 더 강하다. 특히, 태양인의 강한 직관은 정보를 평가하는 데 강점을 가진다. 그래서 정보의 양이 많아지면 상호 간의 관계를 잘 파악하고, 상황에 따라 적용할 것과 적용하지 말아야 할 것을 고르는 데 있어 태양인의 직관 능력이 쓸모가 많아진다. 그러나 반면에 정보의 교류 측면에서는 어려움을 겪는다.

태양인의 직관이 가장 강한 영역은 틀린 점을 배제하는 것인데, 꾸준히 틀린 점을 제거해 나가다 보면 언젠가는 틀리지 않는 핵심이 남게 된다. 거기까지 도달하게 되면 세상에 대해서 새로운 기준을 제시할 수 있게 된다. 그런데 태양인의 이런 직관은 늘 바뀌고 변화하고 있다. 이것은 결코 변덕스러운 것이 아니라 상황이 계속 바뀌어 직관의 결과도 계속하여 바뀌는 것이 당연하다고 여기는 것이다.

태양인의 일상생활을 살펴보면, 늘 가정 밖의 일에 먼저 신경을 쓰고 집에 동료들을 떼로

몰고 오기도 해서 가정을 등한시하기 쉽다. 어떤 일을 할 때도 정확한 기준을 정한 뒤에 시작하는 것이 아니라 그때그때 정한다. 한 가지 일에 몰두하다가 정리를 제대로 하지 않고, 벌려 놓은 다른 일이 문제가 되면 또 좇아가 그 일에 몰두하는 경향이 있다. 태양인은 법을 중요하다고 생각하지만, 실제의 법은 틀린 것이 많다고 느낀다. 그러나 법이 틀렸다고 생각하더라도 주로 이론적인 옳고 그름을 먼저 인식하고 실제로 행동으로 나타나는 데는 시간이 걸린다. 예를 들어, 각종 교통 규제가 불합리한 면이 많이 보여도 그런 것이 싫으면 차라리 운전을 안 하지 일단 운전을 할 때는 잘 지킨다. 하지만 정말 불합리하게 단속되었다고 생각하면 절대 승복하지 않는다.

대표적인 태양인으로 이제마, 궁예, 박정희 전 대통령, Karl H. Mark, 나폴레옹, 히틀러 등을 꼽을 수 있다.

### ② 소양인의 특징

체형은 가슴과 흉곽 부위가 발달하고 엉덩이가 작아서 상대적으로 상체가 왕성하고 하체가 약하다. 가슴 부위가 발달해 가슴을 쭉 펴고 다니며 걸을 때는 상체가 흔들리면서 안정감 없이 걷는다. 눈매는 날카롭고 입은 크지 않다. 입술이 얇고 턱이 뾰족하며, 머리가 앞뒤로 나온 사람이 많다. 소양인 중에는 소음인처럼 키가 작고 단정한 사람도 있다. 용모사기(容貌詞氣)는 안정감이 적고 다리가 가볍다. 날래고 용맹을 좋아하고 활달하며, 행동이 민첩하나 경솔한 면이 있다.

심성(心性)은 노성(怒性)으로 세회(世會)를 이해하며, 애정(哀情)으로 사무(事務)를 행하는 것에 능한 사람이다. 또 태음 기운을 배울 때는 재간(才幹)에 도달하거나 나심(懶心)이 빠지게 되며, 소음 기운을 배울 때는 도량(度量)에 도달하거나 과심(誇心)에 빠지는 사람이다.

소양인은 '좋다/싫다'를 판단하는 기능이 명확하여 자신이 싫어하는 일은 잘 못 한다. 그리고 소양인은 많은 사람이 좋아하는 쪽에 자신이 좋아하는 것을 맞추는 본능이어서 세상이 이익을 중시하면 소양인의 감성이 이익 쪽으로 발달하고, 세상이 명예를 중시하면 명예 쪽으로 발달하게 되며, 재미를 중시하게 되면 재미 쪽으로 발달하게 된다. 이처럼 소양인은 낯선 사람끼리 그냥 모이는 것을 좋아해서 사람이 모이는 이치인 세회(世會)에 밝다. 실제로 연예인을 보면 일반인의 경우보다 소양인의 비율이 높게 나타나는 것이다.

소양인은 어떤 주장이나 사실을 들었을 때, 이것을 자기 것으로 만드는 속도가 빨라서 근거(根據)에는 크게 관심이 없다. 그래서 일반적인 기준에 안 맞으면 바로 배척하고, 일반적인 기준에 비추어 그럴듯하다 싶으면 바로 받아들인다. 소양인은 대중이 일반적으로 지지하는 것을 일단 받아들이면 그때는 그것이 자기 생각이고 자기주장이지, 그것을 누구에게 들었는지는 그리 중요하지 않게 생각한다. 소양인이 이런 태도를 보이는 것은 각각의 상황에서 사람들이 일반적으로 받아들이는 것을 느끼는 능력이 뛰어나기 때문이다.

보통 소양인의 목소리는 일반적으로 크다. 이것은 성량이 풍부하다는 것이 아니라 자기주장이 강하다는 것이다. 소양인은 다른 사람의 감성에 대한 느낌이 빨라서 대중이 일반적으로 지지하는 바를 느끼고, 받아들이고, 이를 주장한다. 즉, 자기주장에 대해 반박받을 여지를 이미 줄여놓고 시작하기 때문에 목소리가 클 수밖에 없고, 말투가 공격적인 경우도 많다.

서로 업신여기는 것이 소양인의 눈에 자연스럽게 비쳐서 생기는 것이 노성(怒性)인데, 소양인은 남을 업신여기는 것을 싫어하고, 자신이 업신여기는 것도 싫어한다. 그리고 소양인은 남에 대한 배려가 부족한 것에 대해서 노여움을 잘 느낀다. 그래서 남을 잘 배려하지만, 그만큼 남도 자신을 배려해 주기를 바란다. 그러다 보니 소양인은 싫은 사람과 같이 있는 것을 유독 못 견딘다. 그 자리가 끝날 때까지 그럭저럭 잘 어울리지만 그 싫은 감정이 남아 있는 동안에는 그 싫과 마주치는 자리에는 어떤 핑계를 대서라도 빠지려 한다. 다만, 감정이 잘 바뀌므로 그런 싫은 감정이 오래가지 않을 뿐이다.

소양인의 장점은 여러 사람과 관련된 공적인 일을 하는 사무(事務)에 능하다는 것이다. 이제마가 살던 시대에는 사무를 송사(訟事)라는 뜻으로 썼다고 하는데, 이것은 상황을 정확하고 빠르게 인식하는 것을 말한다. 소양인은 어떤 일을 시작할 때 최악의 경우를 상상해 보는 것만으로도 기분이 나빠서 그것을 미리 상상해 볼 이유가 없다고 생각하여 자기가 좋아하는 쪽에 적극적으로 개입하는 경우가 많다. 그래서 미래를 예측하는 태도에 있어 항상 자기가 적극적으로 개입했을 경우의 확률을 계산하기 때문에 소양인의 계산에서는 당연히 좋은 쪽의 확률이 올라가고, 좋을수록 더 열심히 개입하게 되니까 확률이 더 올라가는 것이다. 이처럼 소양인이 사무를 하면 노력해서 하는 것이고 기운을 모아서 하는 것이므로 마치 적금을 깨서 자동차를 바꾸듯이 잘하는 것이 눈에 확 들어오게 된다.

소양인의 기본성향은 개혁적이고, 공적인 약속을 지키려는 의욕이 강하다. 그리고 일반적으로 대중에게 받아들여지는 것을 중시하는 경향이 있어서 다수를 추종한다. 그러나 다수가 변화를 원할 때와 현상 유지를 원할 때 각각 그 개혁성이 나타나는 정도에 차이가 생긴다.

소양인은 사회 통념상 '나쁘다'라고 하는 일, 예컨대 도박이나 로또와 같은 일에는 손을 잘 대지 않으려는 경향이 있다. 그래서 소양인은 세상의 예법, 관행 등에 가장 민감하고, 예법에 어긋나면 바로 지적한다. 그래서 소양인은 입바른 소리를 잘한다는 평을 듣게 된다. 또한 "너 옳지 않다.", "너 나쁘다."처럼 감정을 실어서 말하는 경우가 많아서 상대방이 받아들이기 어려워하는 상황을 연출하기 쉽다. 이에 비해, "논리적으로 안 맞는다.", "당신이 실수한 것 같다."는 말을 들을 때는 마치 자신이 비난이라도 받은 듯이 화를 내는 경우가 다른 체질보다 좀 자주 있다.

소양인은 보편성을 추구하고, 보편적 상황에 강하기 때문에 일반화, 추상화를 잘 시도한다. 보편이 정립되지 않은 영역에서는 각자 방향을 나눠서 일하는 것이 오히려 보편적인 방법이라고 편하게 생각한다. 따라서 하나의 보편에 대한 집착은 오히려 없다. 많은 사람의 동의를 얻은 바를 각각의 집단에서 보편처럼 사용하면 된다고 본다. 소양인의 이러한 보편 중시 경향은 잘 되면 대중과 같이 호흡하는 강한 현장성으로 나타나지만, 단순한 다수 지지나 관행, 일반론을 보편이라고 믿으면 여러 가지 실수를 저지른다. 예컨대, 함부로 사람을 선동하거나 힘이나 세(勢)에 의존하는 버릇을 낳는다.

소양인은 어떤 정보를 받아들일 때 그 정보를 쉽게 받아들이지만 급한 성격 때문에 정보를 취득하는 데 시간이 걸리면 충분한 정보의 수집 없이 서둘러 판단하는 악습이 있다. 이런 경향은 정보를 전달할 때 그 정보에 대한 자신의 느낌까지 전달하면서 자신도 모르는 거짓말을 하게 되는 과장하는 오류를 범하게 된다. 소양인이 이런 과심(誇心)을 극복하기 위해서는 항상 어디까지가 사실이고 어디부터가 내 감정인지를 구분하는 훈련이 필요하다.

K. Jung의 관점에 따르면, 소양인은 한마디로 보편(普遍)과 결과를 중시하는 감성(感性)이 풍부한 유형이다. 감성이란 '좋은가/나쁜가'를 판단하는 것으로 고립된 상황에서 생기는 것이 아니라 타인 또는 외부 환경과의 접촉에서 발생한다. 소양인은 사람들의 감정 파악을 잘해서 사람들이 보통 무엇을 좋아하고 싫어하는지를 잘 안다. 그래서 소양인이 "알았다."라고 말하는 것은 '당신의 기분을 파악했다.'라고 이해하면 무리가 없다.

이처럼 소양인이 감성은 빠르고 변화무쌍하여 항상 기분파처럼 보이지만 의외로 현실적이다. 그래서 소양인은 상황을 변경 가능한 변수로 본다. 따라서 각 개인이 처한 상황은 극복의 대상이라고 생각한다. 어떤 사람이 어설프게 상황 논리를 펴면, 소양인은 바로 '왜 당신이 처해 있었던 특수한 상황을 바꾸려고 노력하지 않았느냐?'고 지적하며 핑계 대지 말라고 나오기도 한다.

한편, 어떤 일을 벌여놓고 마무리가 힘든 상황에서도 순발력을 유지하여 재치 있게 마무리하는 것이 재간(才幹)이고, 소양인 특유의 순발력을 잃는 것을 나심(懶心)이라고 한다. 소양인이 타락했을 때 주로 나타나는 모습은 박인(薄人)이다. 야박한 사람이라는 뜻이다. 즉, 수양이 부족한 소양인은 매사를 남과 비교하고, 사람을 야멸차게 대하며, 함부로 사람을 몰아세우고, 조그만 잘못에도 심하게 닦달하는 식으로 행동을 한다. 근로자에게 있어 가장 최악의 경영자가 바로 박인이다. 야박한 경영자는 차라리 회사가 망하면 망했지 절대 남에게 너그럽게 대하지 않기 때문이다.

소양인의 일상생활을 살펴보면 다음과 같다. 소양인은 자신의 능력이나 형편을 고려하지 않고 일을 벌이는 경향이 있고, 중간에 쉽게 포기한다. 소양인이 이런 나심(懶心)이 발동할 경우를 줄이려면 일단 일을 벌이는 것을 줄여야 한다. 소양인이 어떤 문제에 부딪혔을 때 가장 원하는 것이 위로와 공감이고, 또 남에게도 그런 것을 잘한다. "나는 당신의 말에 공감한다.", "당신이 그 문제를 해결하려고 애쓰는 모습에 깊은 감사를 느낀다." 등의 말에 소양인은 큰 힘을 얻는다. 그런데 소양인 상사와 소양인 부하 직원 간에 어떤 문제가 발생했을 때, 소양인 상사가 그냥 퍼붓기가 쉬워서 소양인 부하 직원은 상처를 입을 경향이 높다. 따라서 잠깐 그 자리를 피하고 조금 가라앉은 다음에 다시 말하는 것이 서로에게 가장 좋은 방법이다.

소양인은 예상치 않은 일이 생기면 그때그때 알아서 대처하면 된다고 생각하는 편이다. 과정이란 목적을 위한 것이라는 인식이 다른 체질보다 강한 편이기 때문에 휴가를 갈 경우, 목적지로 가는 것이 매우 어려우면 아예 목적지 자체가 바뀐다. 그리고 목적지에 도착해서도 여러 상황이 여의치 않으면 그때 상황을 보아가며 다시 대책을 세우면 된다고 생각한다. 자동차를 이용하여 여행을 갈 경우에도 일반적으로 사람들이 가장 많이 선택하는 길을 선호하기 때문에 고속도로를 고집하는 경향이 있다. 고속도로로 가면 막히는 듯해도 신호가 없어서 전체 이동 시간은 오히려 짧고, 그래서 좋은 곳에서 빨리 즐겨 보자는 관점이다.

대표적인 소양인으로 전두환 전 대통령, 김영삼 전 대통령, 정동영 국회의원 등을 꼽을 수 있다.

### ③ 태음인의 특징

체형은 중하초부[11]인 허리 부위가 굵고 목덜미가 가늘다. 상대적으로 체구가 크고 기골이 장대하다. 뚱뚱하고 건장한 사람이 많으나 간혹 마른 사람도 있지만 뼈대는 굵다. 걸음걸이는 느리고 안정성이 있으나 허리를 흔드는 편이다. 얼굴은 윤곽이 뚜렷하고 이목구비가 크며 선명하다. 입술이 두껍고, 피부도 두껍다. 용모사기(容貌詞氣)는 위엄이 있고, 무슨 일에나 법도가 있다. 공명정대한 태도를 지니고 있으나 음흉하고 욕심이 많으며 고집스러운 면도 있다.

심성(心性)은 희성(喜性)으로 천시(天時)를 이해하며, 낙정(樂情)으로 거처(居處)를 행하는 것에 능한 사람이다. 또 태양 기운을 배울 때는 주책(籌策)에 도달하거나 교심(驕心)이 빠지게 되며, 소양 기운을 배울 때는 위의(威義)에 도달하거나 치심(侈心)에 빠지는 사람이다.

11) 중하초부는 중상초부 끝부터 배꼽과 성기(性器)의 중간 지점까지를 말한다. 이동웅(1998), 57.

태음인의 희성(喜性)은 서로 돕는(助) 것을 기뻐함을 말한다. 이것은 구체적인 문제해결 방법을 제시한다든가 어떤 일의 한 부분을 대신 맡아준다든가 하는 좀 더 실질적인 것을 말한다. 어떤 말을 들으면 일단 끄덕끄덕하며 미소를 짓는 모습이 태음인의 희성을 잘 나타낸 것이다. 태음 기운에 해당하는 천기(天機)를 인륜(人倫)이라고 한다. 인륜은 이런저런 인연으로 관계가 맺어진 사람들 사이의 도리를 말하는 것으로, 서로 상대의 상황을 인정하고 서로 도우려고 하는 마음이 인륜의 기본이 된다. 가족을 생각하면 가장 이해하기 쉽다.

태음인은 자신이 경험하지 못한 새로운 상황에 빠지는 것을 두려워한다. 경험이 없다는 것은 그 일에 대한 정보를 충분히 가지지 못했다는 것을 의미하기 때문에 일을 시작할 때는 새로운 상황이 최악인 경우를 따져 보고 시작하는 경향이 있다. 최악의 때에는 자신이 버티며 감당할 수 있는지를 먼저 계산해 보는 것이다. 그래서 어떤 일을 새로 시작할 때 주저하며 시간을 들인다. 대신에 막상 일을 시작하고 나면 그 뒤는 주저하는 것이 없다. 끝까지 물고 늘어져서 어떻게 해서든 끝을 낸다. 즉, 태음인은 자기가 할 수 없는 일에 헛심을 쓰는 일이 적다는 것이다.

그래서 자신을 믿는 태음인은 잘 이해가 안 되는 것은 일단 접수하여 쌓아두고 판단을 미룬다. 판단이 끝나지 않았기에 자신을 표현하지 않고 기다린다. 그래서 태음인이 "알았다."라고 말하며 미소를 짓는 것은 동의(同意)하는 것이 아니라 '당신이 말하는 것이 무엇인지 접수했어. 그러나 내가 천천히 생각해 보도록 하지'라며 판단을 뒤로 미루는 것이다. 그러다가 구체적인 사실에 부딪힐 때 그것이 자기가 기억했던 것과 관련된다고 느끼면 그것을 다시 꺼내어 비교해 본다. 비교하다가 어느덧 그것이 잘 정리된다. 이처럼 구체적인 사실들의 개념적 측면, 다른 사실과의 연관성 등이 하나씩 눈에 뜨이다 보면 결국 천시(天時)를 이해하는 수준에 도달하게 되는데, 이것이 바로 주책(籌策)의 경지에 이르는 것이다. 태음인의 주책은 수많은 사례를 일일이 따지고 검토해서 하나의 특수성을 찾아내고, 그것을 하나씩 모으고, 다시 수많은 특성을 비교하는 방식으로 쓸만한 꾀에 도달한 것을 의미한다.

태음인의 기본성향은 보수적이다. 감각을 중시하고 경험적 접근을 하게 되면 아무래도 보수적이기 쉬운데, 그것은 기존의 것이 익숙하고, 익숙한 것이 바뀌는 것은 불편하기 때문이다. 그렇지만 태음인은 약간의 불편은 고치기보다 그냥 감수하는 경우가 많다. 이것은 태음인의 경우 희성(喜性)이 발달되어 웬만한 상황은 일단 긍정적으로 받아들이고 출발하는 경우가 많기 때문이다. 그리고 태음인은 늘 구체적인 것에 관심이 많다. 겉보기와는 달리 잔재주를 가지고 있는 경우가 많으며, 구체적으로 일을 잘 해결해 나가곤 한다. 태음인이 그럴 수 있는 것은 마음의 근본이 긍정적인 것을 늘려서 해결하려는 쪽을 향하기 때문이다.

위의(威義)는 항상성, 침착성, 진지함 같은 것들이 쌓여서 주변 사람들의 신뢰를 얻었을 때 생겨난다. 소양인은 대중의 호오(好惡)를 빨리 파악해서 한순간에 대중적인 신뢰와 지지를 얻는 경우가 있지만, 태음인의 위의는 그런 식으로 얻어지지 않는다. 위의는 바로 내 옆에 있는 사람의 신뢰를 받는 것에서 시작한다. 나를 신뢰하는 사람들이 나를 믿을 만한 사람이라고 소개하기 시작하면, 내 말에 귀를 기울이는 사람들이 하나씩 늘어난다. 이미 신뢰할 만한 사람이라는 말을 듣고 주의를 기울이는 것이 아니라, 내가 판단하고 대처하는 것이 약간 느리더라도 이를 기다리는 것이다. 이처럼 위의는 항상성, 침착성, 진지함 같은 것들이 쌓여서 주변 사람들의 신뢰를 얻었을 때 생긴다.

태음인은 원래 매사에 수비적이다. 그래서 함부로 남을 공격하는 일이 없다. 그런데 수비에 자신이 없어지면, 즉 겁을 먹게 되면 과잉수비가 나타난다. 남이 나를 건드릴까 두려워 필요 이상으로 어깨에 힘을 주면서 '나 건들지 말라는 말이야.'라고 무언의 시위를 하게 되는데, 이것이 치심(侈心)의 정체이다.

태음인은 경험적 접근에 익숙하다. 꾸준히 무언가를 새로 배우고, 그런 과정에서 쌓인 경험들을 쉽게 버리지 않고 잘 모아둔다. 이런 성향 때문에 망가진 물건이나 낡은 물건도 나중에 어딘가 쓸데가 있을 것 같아서 웬만해서는 잘 버리지 않는다. 인간관계에서도 적에 대해서도 화해하고 협력할 수 있는 여지를 조금은 남겨놓고 싶어 한다. 그래서 태음인은 뜻을 같이하는 부분이 조금이라도 있으면 여러 당파, 여러 계급, 여러 직업에 걸쳐 다양한 친교를 맺는 경향이 있다. 그러나 당(黨)의 모양이 선명하지 않고 애매해지는 때가 있다.

태음인은 정보수집에 강하다. 정보를 받아들이는 능력이 뛰어나서 다른 체질의 사람들이 소화해내지 못할 정도의 정보량도 별로 무리 없이 잘 소화해낸다. 그러나 정보를 수집하는 단계에서 왜곡을 범하기가 쉽다. 태음인은 정보를 받아들이는 순간에 판단하지 않고 유보했기 때문에 그 정보가 아직 자신에게 큰 영향을 끼치지 않는다고 생각한다. 게다가 태음인은 처음 취득한 정보와 반대되는 정보를 구하는 일에도 관심이 있어서 늘 본인은 편향되지 않은 정보를 취득한다고 믿지만 아무리 알아봐도 끝도 없이 새로운 정보가 나오게 되어 판단을 미루는 악습이 더 심해질 가능성이 있다. 그래서 태음인은 정보의 양(量)이 정보의 질(質)을 결정하는 것이 아니라는 사실을 명심해야 한다.

K. Jung의 관점에 따르면, 태음인은 한마디로 특수(特殊)와 과정을 중시하는 감각(感覺)이 섬세한 유형이다. 여기서 감각이란 벌어진 현상을 수용하고 느끼는 것을 말하며, 적절한 양이 될 때까지 자료를 확보하는 기능을 말한다. 그리고 태음인은 특수성을 추구한다. 즉, 구체성을 중시하는 특수한 상황에 강하다. 이것은 경우에 맞는 사례를 하나씩 구체적으로 쌓아가는

것을 말한다. 태음인이 덜 쌓인 것을 다 쌓였다고 주장하면 그때부터 이상한 길로 빠진다.

앞에서 언급했듯이 태음인이 세상을 대하는 기본적인 접근 자세는 주변에서 부딪히는 구체적인 사례를 중심으로 긍정적인 면을 하나씩 추려 모으는 방식이다. 이와 같은 방식으로는 잘못된 것을 직관으로 바로 찍어내는 태양인을 따를 수 없다. 그런 데드 태음인이 태양인을 흉내 내어 자신의 몇 가지 구체적인 경험을 개념화시키고 그것을 화려한 말로 포장하여 대단한 명제처럼 내뱉는데, 이것이 바로 태음인의 사심(邪心)인 교심(驕心)이다. 즉, 최대한 결론을 유보하면서 내용을 충실하게 하는 태음인의 장점을 저버리면 충분히 검토되지 않은 것을 섣불리 결론 내리는 교만함에 빠지는 것이다.

태음인이 이 교심을 어느 정도 극복했는가를 판단하고자 할 때 사용할 수 있는 기준이 소탈함이다. 태음인이 교심에 빠지는 위험을 줄이기 위해서는 봉사활동, 국토순례, 사회 참여 활동 등 다양한 경험을 통해 인간교류의 폭을 넓히는 것이 좋다. 그리고 자신과 비슷한 성향에서 출발해서 교심을 극복한 정말 존경할 만한 태음인과 가까이 지내게 되면 교심이 많이 완화된다. 그러나 태음인이 타락하면 탐욕으로 가득 찬 탐인(貪人)이 되기 쉽다. 심하게 욕심을 부려 남들과 나누려 하지 않는 것이다. 자기를 다 챙기고 나서 자기 가족을 챙기고, 자기 가족을 다 챙기고 난 다음 주변 사람을 챙기며, 주변 사람을 다 챙기고 난 뒤에 대중을 고려한다.

태음인은 일상생활을 할 때, 예상치 못하는 일이 생기게 마련이라고 생각하고 준비하는 쪽을 선택한다. 예컨대, 휴가를 이용하여 여행을 갈 때 태음인은 목적지에 가서 여러 조건이 여의치 않으면 어떻게 하느냐를 먼저 걱정한다. 그럴 때 목적지에서 떨어진 다른 곳으로 이동할 수 있는 등 무슨 대책을 세우려면 자동차라도 있어야 한다며, 자기 차를 가지고 가기를 고집하는 비율이 상대적으로 좀 높다. 그리고 차를 운전하며 여행이나 출장을 갈 때도 가는 과정을 상대적으로 중시하기 때문에 이왕이면 경치 좋은 길을 선호하고, 좀 돌아가고 시간이 더 걸려도 안 막혀서 시원스럽게 달릴 수 있는 길을 선호하기 때문에 평소에 각종 국도, 지방도로, 산업도로 등 샛길을 많이 알아 둔다.

그리고 태음인은 신중하긴 하지만 다른 체질과 비교할 때, 법을 가장 우습게 보는 경향이 있다. 법은 웬만해서는 각각의 특수한 상황을 다 반영시킬 수 없다는 점을 항상 불만스럽게 생각한다. 이처럼 법과 질서를 무시하는 경향이 있지만, 기본적으르 경험론적 접근방식을 선호하기 때문에 '그것이 좋은지 나쁜 것인지는 해 봐야 안다.'라고 생각하고, 어떤 제재를 당하는지 안 당하는지 확인해 가면서 조금씩 선을 넘어가는 경향이 있다.

대표적인 태음인으로 노태우 전 대통령, 김대중 전 대통령, 고 정주영 현대 회장, 독일의 철학자 헤겔 등을 꼽을 수 있다.

### ④ 소음인의 특징

체형은 하초부[12]인 엉덩이 부위가 크고 가슴이 좁아서 안정감이 있다. 대체로 체구가 작으나 간혹 키가 큰 사람도 있다. 가슴이 빈약하고 이목구비가 작으며, 오밀조밀하고 단정하며 피부는 치밀한 편이다. 걸을 때 앞으로 수그러지는 사람이 많다. 용모사기(容貌詞氣)는 야무지고, 단정해 보인다. 모든 일을 정확히 하려고 하며, 예민하고 빈틈이 없어 보인다.

심성(心性)은 낙성(樂性)으로 지방(地方)을 이해하며, 희정(喜情)으로 당여(黨與)를 행하는 것에 능한 사람이다. 또 태양 기운을 배울 때는 경륜(經綸)에 도달하거나 긍심(矜心)이 빠지게 되며, 소양 기운을 배울 때는 식견(識見)에 도달하거나 탈심(奪心)에 빠지는 사람이다.

소음인의 낙성(樂性)은 어떤 문제를 곰곰이 생각하며 열심히 몰두하는 모습을 말한다. 소음 기운에 해당하는 천기(天機)가 지방(地方)이다. 지방이란 이어진 것을 나누는 기능을 말하는데, 세상일을 통째로 다루는 것은 너무 힘드니까 다루기에 적절한 범위로 자르는 것을 말한다. 그래서 기운이 모이는 핵심을 잡아내고, 그 기운이 뻗치는 범위를 전하며, 범위 안과 밖을 나누는 것이 지방이다. 예컨대, 과학자들이 하는 실험을 할 때, 중요 변수를 결정하고 중요 변수 간의 관계를 규명하기 위한 실험계획을 세우고 언제 어디서 해도 같은 결과가 나올 수 있도록 부차적인 변수들은 적절하게 통제하는데, 이런 과정들이 다 지방의 능력에 해당하는 것이다. 학문을 세분해서 전공으로 분류하는 일 역시 지방의 기능이다.

소음인은 이처럼 집중력(集中力)이 강하다. 소음인은 쓸데없는 정보에 눈을 돌리지 않고, 자신이 지금 하는 일과 관련된 정보에만 집중하는 능력이 뛰어나므로 정보의 홍수라 해도 판단에 지장을 받거나 헷갈리는 일이 가장 적다. 소음인은 집중력이 강한 만큼 다른 사람이 집중하는 것도 역시 존중해준다. 또 그 집중에서 즐거움이 나온다는 것도 누구보다 잘 알고, 그런 집중을 위해서는 보호가 필요하다는 것도 잘 안다. 따라서 분업에 대한 감각도 좋은 편이다. 즉, 내가 내 일에 몰두할 수 있게 다른 부분은 다른 사람이 처리해 주는 것을 원하고, 남에 대해서도 그런 배려를 해줄 줄 안다. 그러나 집중력이 강한 만큼 세상일에 서툰 경우가 많다. 그것은 집중력이 강할수록 자기가 집중하는 범위 밖의 일은 어두우니까 당연히 세상의 규칙을 본의 아니게 무시하게 되는 경우가 많다.

소음인의 장점은 함부로 경계를 넘지 않는다는 것이다. 즉, 논리에 엄밀할 뿐만 아니라 그 논리가 적용되는 한계를 쉽게 넘지도 않는다. 자신이 관심을 가지는 영역이 어느 정도 정리될 때까지는 다른 영역에 대해 무관심해지기 때문이다. 소음인이 새로운 영역에 관심을 보이는

12) 하초부는 중하초부 끝부터 발끝까지를 말한다. 이동웅(1998), 57.

것은 본래 관심을 두었던 영역에 대한 이해가 상당히 깊어진 뒤의 일이다. 따라서 그 이해의 정도가 주변의 다른 영역에도 어느 정도 적용 가능한 수준인 경우가 많다. 그리고 소음인이 겉으로는 침착하고 꼼꼼하며 폭을 좁히는 듯하지만, 속으로는 근본에 관심이 많아서 원리(原理)를 찾는 작업에 능하다. 즉, 겉으로는 구체적이고 작은 일에 매달려 있는 것처럼 보이지만, 사실은 개별적 상황의 해결에 매달려 있는 것이 아니라 이치를 따지고 원칙을 세우는 쪽에 관심이 가 있다.

소음인은 뜻이 맞는 친구들끼리 동지 관계를 만들어가는 당여(黨與)에 능숙하다. 소음인은 승상접하(承上接下)에 능하다는 말이 있는데, 이것은 윗사람을 잘 섬기고, 아랫사람을 잘 보살핀다는 뜻이다. 자기 윗사람, 아랫사람을 따지는 것은 사실은 우리 집단을 다른 집단과 갈라내는(地方) 기운이다. 요즘 '수평적 리더십'이라는 표현이 유행하고 있는데, 이것은 당여의 기본을 정확히 표현한 아주 중요한 말이다.

소음인은 소양인보다 사람의 감성을 파악하는 것이 느린 대신에 감성이 움직이는 원리를 파악하려고 노력한다. 예컨대, 힘이 좋은 사람이 땅을 파면서 삽 하나면 충분하다고 생각하며, 능숙한 삽질을 자랑할 때 힘도 약하고 삽질도 서툰 사람은 고생하면서 포크레인(forklift)을 설계하고 만들어 낸다. 소음인이 경륜(經綸)의 경지에 도달하는 것이 이와 같다. 자신의 의견이 틀렸다는 것을 깨닫는 순간 아무런 미련 없이 포기하는 자세를 보이는 것이 경륜으로 나아가는 토대인 것이다.

긍심(矜心)은 하나의 논리가 적용 가능한 범위를 넘어서 적용되는 것, 즉 논리의 일반화를 말한다. 소음인이 긍심을 가지게 되는 가장 큰 이유는 소음인에게 원치 않는 과도한 경쟁을 강요하기 때문이다. 소음인에게 경쟁을 강요하면 숫기가 부족하고 위축되거나 강한 긍심을 띠는 두 가지 형태로 나타난다. 남에 대해서 가장 공격적인 사람은 긍심이 강한 소음인이다. 소양인의 공격은 강하기는 해도 화끈하고 뒤끝이 깨끗한데, 긍심이 강한 소음인의 공격은 아주 집요해서 정말 짜증나게 만든다. 대부분 사람이 긍심이 강한 소음인을 만나게 되면 결국은 지쳐서 "그래 당신 말이 맞았다."라고 그냥 인정해준다. 하지만 다시는 그 사람을 접촉하려 하지 않는다.

식견(識見)이란 새로운 사실을 인식(認識)해서 자신의 견해(見解)를 세우는 것을 말하는데, 소음인이 식견을 세우는 방법은 다른 사람이 열어 놓은 길을 따라가는 것이다. 소음인은 확실한 모순이 발견되지 않는 한 몰두하고 파고든다. 근본인 낙성(樂性)이 발동하는 것이다. 그런데 남의 생각을 자기 생각이라고 주장하는 순간 소음인의 최대 장점인 객관적 시각이 죽어버린다. 즉, 남의 명성을 뺏으려는 마음인 탈심(奪心)이 생기는 것이다.

K. Jung의 관점에 따르면, 소음인은 한마디로 객관(客觀)과 효율을 중시하는 사고(思考)가 치밀한 유형이다. 객관이란 어느 정도 나누고 구분 짓는 구획이 정리되어 있어야 적용할 수 있다. 그런데 각각의 영역마다 적용되는 기준이 달라서 영역을 구분하고 각각의 영역에서 기준(基準)을 확립하는 데는 근본적으로 소음 기운이 바탕이 되어야 한다. 그래서 소음인은 무언가 입력되면 자동으로 '옳다/그르다'가 판단되어 나오는 기제가 구축되어 있고, 하나씩 확실하게 다지고 굳혀 나가는 방식을 즐겨 사용한다. 이처럼 소음인은 보편이라는 토대가 있어야 객관을 적용할 수 있어서 정해진 보편에 대한 집착이 강하다. 소음인은 세상 대부분 영역에 법 혹은 법칙이 있다고 생각하고 싶어서 기준이 없으면 아주 불안해진다. 그래서 소음인의 관점에서는 논리적 근거를 제시하지 않고 강요하는 것이 언어적 폭력이고, 간섭이라고 여긴다.

소음인은 기준을 잡는 일을 중시하고 집착해서 자신이 집중하는 일에 관한 판단이 설 때까지, 행동의 근거를 세울 때까지는 사고의 범위를 좁히는 경향이 있다. 그래서 사고 대상에서 빼기로 한 것은 과감하게 자르고 관계 자체를 무시한다. 다시 말하면, 자신과 관련되지 않는 것, 아무런 관심도 없는 것에 대해서는 아예 모르고 깜깜할 수 있다. 그래서 남들이 조금씩 할 수 있는 일들도 자신이 관심을 가지지 않는 것이면 꿋꿋하게 하지 않고 버티는 경우가 종종 눈에 띈다. 소음인의 이런 객관 중시 경향은 혼란한 시기에 중심을 지키는 노릇을 하기도 하지만 때로는 대중과 호흡이 어긋나는 결과를 도출하기도 한다.

소음인은 법을 세부적으로 정리하고 적용하는 능력이 가장 뛰어나다. 일단 보편이 확립되고 나면 그 적용에 필요한 능력은 객관이기 때문이다. 따라서 법관 중에는 소음인의 비율이 다른 직업보다 높게 나타난다. 한편, 소음인은 자신이 법보다 우위로 인정하는 기준이 위법을 지향하면 그 길을 그냥 따라갈 수 있다. 종교적 이유에 따른 확신범의 경우가 이에 속한다.

소음인은 일상생활을 할 때, 예상치 않은 일이 생기는 경우 자체를 줄이려고 노력하는 편이다. 휴가 시 여행을 갈 때, 목적지가 정해지면 티켓을 예약하고, 예약 사실도 재차 확인한 후에야 비로소 안심한다. 확인이 되지 않은 상황에서는 아예 움직이지를 않는다. 그때그때 순발력을 발휘할 생각은 아예 하지 않는 경우가 많다. 여행할 때, 자동차 운전을 하는 것 자체를 싫어하는 경우가 많다. 자동차를 운전하는 경우는 그렇게 하는 쪽이 확실하게 이득을 주는 경우이다.

예컨대, 자동차를 가지고 가는 것이 확실하게 시간이 절약된다든지, 짐이 많다든지, 아니면 무언가 뚜렷하게 유리할 때만 자동차를 몰고 가고, 그렇지 않으면 대중교통을 이용한다. 그리고 자동차를 가지고 갈 때도 항상 다니던 길을 선호하는 경향이 있다. 출발하기 전에 어느 길로 갈 것인가를 미리 모두 정해놓고 가는 경우도 다른 체질보다 많다.

한편, 소음인의 집은 가구의 배치도 쉽게 바꾸는 일이 없고, 새로운 물건을 사들이거나 물건을 내버리는 일도 드물다. 꼭 필요한 만큼 사서 유용하게 쓰고, 집안일도 가족끼리 미리 정해서 하는 경우가 많다. 그래서 소음인의 집에 들어가면 손님도 무언가 안정감을 느끼는 경우가 많다. 이처럼 소음인은 매사에 효율을 맞추기 위해서 미리 상당한 준비를 하고, 정리하는 경향이 있다. 그래서 소음인은 깊게 생각할 일이 있으면 자기 방에 틀어박힌다. 그래야 사고의 기능이 제대로 작동하기 때문이다.

소음인은 어떤 대화에서 "나쁘다."라는 말을 듣고 '그것이 왜 그르지?'라며 혼자 고민하는 경우가 많다. '좋다/싫다'를 기준으로 하는 말을 '옳다/그르다'의 기준으로 해석하니까 헷갈리는 것이다. '좋다/싫다'는 감정의 문제로 뚜렷한 이유가 없는 것이 많은데, 소음인은 '싫다'에 대해서도 "그것이 왜 싫지?"를 묻는다. 이처럼 단순한 감정 표현을 논리로 이해하려 드니까 어려워지는 것이다.

대표적인 소음인으로 김근태 전 국회의원, 박근혜 전 대통령, 배우 안성기, 아인슈타인 등을 꼽을 수 있다.

### (3) 사상체질 감별의 활용 가능성

인간은 사회적 동물이다. 누구나 다른 사람과 관계를 맺으며 살아간다. 인간관계를 유지할 때 자신과 타인이 어떻게 마음을 쓰는가를 아는 것은 아주 중요한 일이다. 사람 사이의 갈등은 상대가 주 기능으로 삼는 부분을 인정하지 않을 때 주로 발생한다. 그래서 각자 자기 체질에서 보는 관점이 절대적이 아니며, 각각의 영역에 따라 더 적절한 관점이 있을 수 있다는 것을 알고 유연한 사고방식을 가짐으로써 다른 사람의 행동방식을 이해하는 것이 무엇보다도 중요하다.

사상의학, 보다 구체적으로 사상심학(四象心學)에 의하면, 사람은 기본성향으로 사는 것이 아니다. 기본성향만을 강하게 드러내며 사는 사람이 있는가 하면, 박통(博通), 독행(獨行)으로 넓혀가는 사람도 있고, 사심(邪心), 태행(怠行)으로 빠지는 사람도 있다. 그 각각에 따라 나타나는 모습이 다 달라진다. 그래서 인간은 누구나 사상의 기운을 고르게 가지기를 원한다. 인간은 사회적 동물이기 때문에 실제 자신의 모습과 자신이 바라는 자신의 모습 그리고 타인이 내게 바라는 나의 모습을 일치시키려고 노력한다. 그래서 학습과 유희와 노동을 일치시키려 노력하게 되고, 사상의 기운을 고루 가지려고 노력한다.[13]

13) 김명근(2003), 191.

사상의학에서 궁극적으로 말하는 것은 사람을 하나의 기준으로 우열을 매겨서는 안 되고, 자신의 장점을 꾸준히 키워 약한 영역에 도달하면 원래 그 영역에 강하던 사람보다 훨씬 뛰어나게 된다는 것이다. 그래서 어떤 일을 이루어 가는 데 나와 다른 사람과 협력하는 것은 좋은 결과를 위해 아주 효과적인 방법임을 인식할 필요가 있다.

예컨대, 태양인의 직관이 최종적으로 어떤 완성된 형태를 띠게 하기 위해서는 우선 그 직관을 가치 있게 느끼는 태음인이 그것을 뒷받침해 줄 사례를 모아야 하고, 다음에 그 사례를 소음인이 정리해서 하나의 안정된 체계로 만들어야 하며, 소양인이 이것을 퍼뜨리고 보편화시켜야 완성되는 것이다.[14)]

이런 차원에서 사상의학에서 말하는 체질 유형별로 나타나는 심성을 아는 것은 각기 사람들의 일상생활뿐만 아니라 사회생활을 이해하는 데 많은 도움을 주고, 각각의 사람들 사이의 대인관계에서 발생하는 갖가지 현상들과 문제점을 이해하는 데 훌륭한 도구가 될 수 있다. 그런 차원에서 사상심학(四象心學)은 그 활용가치가 높고, 따라서 많은 다른 분야에 적용될 수 있을 것이다.

## 3. 사상의학의 활용과 접목

최근에는 사상의학을 전통적인 의료 분야의 인접 학문인 의공학(醫工學)이나 간호학에서 활용하고 있을 뿐만 아니라 관광학, 체육학, 교육학, 심리학, 상담학 등에서도 응용하고 있고, 심지어 정치학이나 건축학 등에서도 결부될 수 있는 부분을 찾는 분위기가 조성되고 있다.[15)] 물론 경영학 분야에서도 사상의학을 결부시키려는 시도와 노력이 부분적으로 전개되고 있다. 한편, 코칭 분야에서도 코칭 고객의 성격 유형을 진단하고, 그를 통한 코칭 고객에 대한 이해를 증진하기 위해 사상의학을 접목하는 시도가 일부에서 행해지고 있다.

여기에서는 그중 심리학과 경영학 분야에서의 시도들을 중심으로 간단하게 살펴보고자 한다.

---

14) 김명근(2003), 294, 349-350.

15) 한기회(1997)는 실내건축에 있어 남녀 성별보다는 사상체질 유형에 따라 선호하는 색채가 다르다는 연구결과를 보고했고, 김은경(2000)은 270명의 남녀 대학생을 대상으로 한 연구에서 인문계열에는 자연계열보다 소음인이 많은 데 비해, 자연계열에는 인문계열보다 태음인의 수가 유의미하게 많다는 연구결과를 보고했다. 그리고 황태연(2003)은 사상의학을 정치학에 접목하여 각 국민의 특성과 정치지도자들의 리더십을 체질 유형에 따라 구분하고, 특히 한국의 정치인들을 각각 유형별 분류에 포함하는 연구를 진행했다. 그리고 이정아(2004)는 200명의 간호장교와 일반 간호사들을 대상으로 한 사상체질과 직업선택기준 및 직무 연관성에 관련된 연구에서 간호장교는 일반 간호사보다 소양인이 많았고, 일반 간호사는 태음인과 소음인이 많았으며, 근무 부서에 대한 만족 정도를 보면, 간호장교는 태음인이, 일반 간호사는 소양인이 만족한다고 보고했다.

### (1) 사상체질의학과 심리학

K. Jung은 사람의 마음을 관찰하는 데 있어서 의식, 개인적 무의식, 집단적 무의식, 자기라는 사위론(四位論)적인 관점을 사용하였고, 사람의 유형을 각각 직관형, 감성형, 감각형, 사고형으로 나누어 설명하고 있다.

그런데 한의학 중에서도 마음의 영향을 가장 크게 고려하는 것이 사상의학이고, 사상의학은 사람의 마음 씀씀이가 내부 장기에 어떤 영향을 미치는가를 보는 데서 시작되는 의학이다. 그래서 〈사상의학〉의 제일 앞부분에는 사람들의 마음 쓰는 방식이 기본적으로 어떻게 다른가를 설명하고 있다.[16] 이제마는 사심신물(事心身物)이라는 사상론(四象論)적인 구조를 이용하여 사람의 마음을 깊이 연구하여 지인(知人)의 중요함을 강조하였다는 측면에서 K. Jung의 '심리유형이론'과 매우 유사하다.

그러다 보니 심리학과 사상의학을 접목하려는 시도가 다른 어떤 분야보다 상대적으로 많다.

먼저 김인태 · 고병희 · 송일병(1996)은 이제마의 체질에 관한 관점과 K. Jung이 나눈 유형에 관한 관점은 상호 유사성이 많아서 이들의 관계에 관한 많은 연구가 필요하다고 지적하고 있고, 박희관 · 이종화(1998)는 사상체질이론과 심리학의 연관성에 관한 연구에서 태양인과 소양인은 외향적이고, 소음인은 내향적이며, 소음인과 태음인은 사고형에 가깝고, 소양인은 태음인에 비교할 때 감정형에 가까운 심리적 경향성이 있다고 보고했다.[17]

그리고 박효인(2000)은 K. Jung의 심리학적 유형에 따른 사상체질의 차이에 관한 연구에서 태양인은 심리학적 유형에 따라 두드러진 차이를 나타내지 않았고, 소양인은 외향적 사고형, 외향적 감각형에서 두드러지게 나타났다고 주장했다. 그리고 태음인은 외향적 직관형, 외향적 감각형, 내향적 사고형에서 두드러지게 나타났고, 소음인은 내향적 감각형, 내향적 직관형, 내향적 감성형에서 두드러지게 나타났다고 보고했다.[18]

### (2) 사상체질의학과 경영학

기업이나 각 조직을 구성하는 자원 중 인적자원(human resource)은 사람이 주요 경제주체요, 각종 기업 경영활동의 핵심적 요소라는 차원에서 많은 관심을 가질 수밖에 없는 부분이다. 특히, 인적자원 분야의 담당자들에게는 유능한 인재의 선발, 채용, 배치, 개발, 평가, 보상 그리고 노사관계에 이르는 전 과정을 효과적으로 관리하기 위해 조직구성원들의 성격 및 성향, 재

16) 김명근(2003), 41-42.

17) 김인태·고병희·송일병(1996), 95-115; 박희관·이종화(1998), 41-50.

18) 박효인(2000), 130-134.

능 등을 파악하는 것은 기초적인 업무이다. 그리고 집단이나 조직의 구성원들이 적절한 관계하에서 원하는 성과와 목표를 달성할 수 있도록 효과적으로 지원하는 것도 중요한 관심거리이다. 이런 일들은 모두 사람인 조직구성원에 의해 수행되고, 집단이나 조직을 이끌어 가는 리더(leader)의 영향력의 질에 따라 각기 다른 결과를 가져온다.

그런데 이 과정에서 조직구성원이나 리더들이 자신이나 동료 및 부하 직원들의 개인적인 특성이나 성향 그리고 행동 스타일을 잘 이해하고 있다면, 그것은 조직과 기업의 경영에 상당히 도움이 되고 바람직하다. 특히, 조직을 이끌어 가는 다양한 형태의 리더들이 자신에게 주어진 공식적인 권한을 가지고 일방적인 지시와 통제를 리더십의 수단으로 활용할 경우 적지 않은 문제와 갈등을 초래하는 것을 흔히 볼 때, 사람을 제대로 이해하는 것은 참으로 중요한 일이 아닐 수 없다.

따라서 각 조직이나 기업을 효율적으로 경영하기 위해 사람을 이해하는 효과적인 방법과 수단이 있다면 그것은 참으로 유용한 일이며, 사상의학에서 제시하는 사람에 대한 여러 가지 정보와 시사점들을 경영에 접목할 수 있다면 그것은 상당히 의미 있는 일이 될 것이다. 이런 것에 관심을 가지고 사상의학과 경영학을 접목하는 노력이 시도되고 있다는 것은 참으로 다행스러운 일이고, 본 논문도 그런 노력에 일조하려 한다.

여기에서 이런 노력을 간단하게 살펴보고자 한다.

송계충 · 조남석(2002)은 보험설계사들 140명을 대상으로 사상체질의학의 체질 유형에 따른 직업 성공 예측에 관한 연구에서, 여자 보험설계사의 경우에는 소양인보다는 소음인이 직업적으로 성공할 가능성이 높고, 남자 보험설계사의 경우에는 통계적 유의성은 없어도 소양인이 가장 높은 직업 성공을 나타내고 있다고 보고했다.[19] 조성진(2004)도 197명의 여성 보험설계사와 가전제품 부녀판매사원을 대상으로 수행한 사상체질 유형과 직업 성공 예측에 관한 후속 연구에서, 가전제품 부녀판매사원의 경우에는 태음인이 직업 성공에 있어 높은 수준을 나타냈고, 보험설계사의 경우에는 통계적으로는 유의하지 않지만, 소양인의 직업 성공 수준이 높은 것으로 나타났다고 보고했다.

한편, 윤상원 · 갈원모(2002)는 농기계 전문생산업체를 중심으로 특정 사상체질의 작업자들을 대상으로 주요 작업특성을 해석하였는데, 그 결과 작업자의 체질에 따라 작업특성이 다르게 나타났다고 보고했다. 그리고 허훈(2003)은 일 중심인 태양인 궁예(弓裔)의 리더십은 기업의 위기상황에 적합하고, 인간 중심인 태음인 왕건(王建)의 리더십은 중소 규모의 직장과 기업에

19) 조성진(2004), 61-62.

유리하며, 일과 사람을 모두 중시했던 소양인 견훤(甄萱)의 리더십은 대규모 조직과 기업경영에 유리하다고 보고했다.[20]

이상에서 본 바와 같이 지금은 직업 성공과 리더십 등 비교적 한정된 부분에서 사상의학과 경영학을 접목하는 시도가 있었지만, 앞으로 이런 노력이 경영학, 특히 인적자원(HR) 분야의 전반에 걸쳐 행해진다면, 더욱 흥미로운 결과들이 많아질 것으로 생각한다. 본 논문에서 일부이긴 하지만 사상의학과 코칭을 접목해 보려는 시도도 그런 노력의 일환이라고 볼 수 있다.

## Ⅲ. 결론 : 사상체질의학과 코칭의 접목 가능성

아직 사상의학과 코칭을 본격적으로 연결한 시도는 거의 없다. 다만, 코칭을 본격적으로 진행하기 전에 코칭 고객을 미리 이해한다는 차원에서 그의 성격 유형을 진단하기 위해 사상체질진단을 활용하는 정도이다. 그러나 이런 시도도 전혀 의미 없는 일은 아니다.

코칭에 있어 성격 유형 검사 결과를 활용하는 것은 다음과 같은 측면에서 의미가 있다.[21]

첫째, 코치는 성격 유형 검사를 통해 사전에 코칭 고객을 이해할 수 있다.

코치는 코칭을 진행하면서 겉으로 드러나는 코칭 고객의 행동에 대해서는 쉽게 인식할 수 있지만, 코칭 고객 내면 깊숙이 자리 잡은 동기에 대해서는 자세히 알 수 없다. 그러나 여러 가지 방법을 통해 코칭 고객의 성격 유형을 사전에 파악할 수 있다면 그의 내면세계를 공감할 수 있는 많은 단서를 비교적 쉽게 찾을 수 있다. 이런 것을 바탕으로 코치가 코칭 고객의 상황과 심정을 공감하고 신뢰를 형성한다면, 그것은 효과적인 코칭을 위해 상당히 좋은 일이다. 다시 말하면, 코치는 코칭 고객의 성격 유형을 사전에 이해함으로써 그의 무의식적인 반복 패턴과 정체성을 이해하고, 코칭 고객의 장점을 찾는 데 많은 도움을 얻을 수 있다.

둘째, 코치는 성격 유형 검사를 통해 코치 자신의 코칭 스타일을 이해할 수 있다.

코치는 자신의 성격 유형을 사전에 파악함으로써 다른 사람과의 관계에서 어떤 행동을 취하게 되는지 알 수 있다. 그리고 그 행동의 원인이 무엇이며 특정한 행동에 대해 다른 사람과 다른 반응을 보이는 이유 등에 대해 사전에 알 수 있다. 이것은 안정적이고 효과적인 코칭 진행에 있어 아주 유용한 도움을 준다. 어떤 특정 행동 유형에 대해 자신이 어떻게 반응할지를 예

20) 윤상원·갈원모(2002), 허훈(2003), 176-176.
21) 조성진(2008), 248-251.

측할 수 있다는 것은, 코치 자신을 효과적으로 통제할 수 있다는 것을 의미하고, 이것은 결국 전체 코칭을 성공적으로 진행할 가능성을 높이고, 실수를 줄이는 데 도움을 준다. 따라서 코치가 자신의 성격 유형을 파악하고 있는 것은 코칭 고객에게도 다행스러운 일이며, 코치 자신의 정신 건강을 위해서도 필요한 일이다.

이런 차원에서 코치들은 실제로 코칭을 진행하는 과정에서 MBTI, DiSC, PCSI, 에니어그램 등 다양한 성격 유형 검사를 활용하고 있는데,[22] 여기에 사상의학의 이론적 체계를 기반으로 한 사상체질진단을 추가로 활용한다는 것은 여러 가지 측면에서 상당히 의미 있는 일이다. 특히, 많은 경험적 연구를 바탕으로 사상체질진단 측정 전반의 신뢰성과 타당성을 더욱 높이고, 그 결과들을 코칭에 적극적으로 활용한다면 코칭의 효과를 높이는 데 많은 도움이 될 것이다. 코치가 코칭 고객의 특성과 심성을 파악하는 데 사상체질진단 결과를 활용하고, 나아가 두 인격체-코치와 코칭 고객-가 서로 다른 출발점의 평등한 가치를 인정한다면, 상호 신뢰가 형성되고, 이것은 코칭에 있어서 아주 중요한 의미를 지닌다. (끝)



22) MBTI(Myers-Briggs Type Indicator)는 K. C. Myers와 I. B. Briggs가 K. Jung의 성격 유형 이론을 기초로 개발한 성격 유형 검사지로서, 외향(E)-내향(I), 감각(S)-직관(N), 사고(T)-감정(F), 판단(J)-인식(P)이라는 네 가지 관점에서 인간의 성격 유형을 모두 16가지로 구분하고 있다. DiSC 행동 유형 모델은 W. M. Marston이 개발한 것으로 인간의 환경에 대한 인식과 그 환경 속에서 개인이 힘을 어떻게 인식하느냐에 따라 인간의 행동 유형을 주도형(Dominance), 사교형(Influence), 안정형(Steadiness), 신중형(Consciousness)의 네 가지 유형으로 나누고 있다. 그리고 PCSI(Personal Coaching Style Inventory)는 미국의 리 스미스 박사와 쟈닌 샌드스트롬 박사가 다양한 현장 경험과 인간행동에 관한 관찰을 토대로 개발한 것으로, 인간의 유형을 D형(지시형, Director), P형(사교형, Presenter), M형(우호형, Mediator), S형(분석형, Strategist)으로 나누고 있다. 마지막으로 에니어그램(Enneagram)은 G. I. Gurrdjieff에 의해 창시된 것으로, 인간의 유형을 크게 본능(腸) 중심, 감정(심장) 중심, 사고(머리) 중심으로 나누고, 이것을 바탕으로 9가지 유형으로 구분하고 있다. 조성진(2008), 251-271.

# 참고문헌




김명근(2003). **애노희락의 심리학**. 개마고원.

김수범(2000). **내 몸에 꼭 맞는 체질건강법**. 도서출판 동아시아.

김은경(2000). 대학생의 성별, 계열별에 따른 사상체질 및 자아방어기제 연구. 동아대학교 대학원 석사학위논문.

김인태 · 고병희 · 송일병(1996). 융의 마음 구조 유형론과 이제마의 지인론 사상인과의 비교고찰. **사상의학회지**, 8(2). 사상체질의학회. 95-115.

박금실(2002). **체질을 알면 건강이 보인다**. ㈜휘닉스미디어.

박효인(2000). Jung의 심리학적 유형과 사상체질 및 성격특성의 관계. 원광대학교 대학원 박사학위논문.

박희관 · 이종화(1998). 이제마의 사상체질과 융의 심리학적 유형 간의 연관성에 관한 연구. **사상의학회지**, 10(20). 사상체질의학회. 41-50.

성현제 외(2000). 사상체질 감별 객관적 진단지표에 관한 연구. 한국한의학연구원.

송일병 · 고병희 · 김선호(1996). 사상체질분류검사지(QSCC Ⅱ)의 표준화 연구 - 각 체질 집단의 군집별 Profile 분석을 중심으로 -. **사상의학회지**, 7(1). 사상체질의학회. 187-246.

송일병 · 고병희 · 이정찬(1996). 사상체질분류검사지(QSCC Ⅱ)에 대한 타당성 연구 - 각 체질 집단의 군집별 Profile 분석을 중심으로 -. **사상의학회지**, 7(1). 사상체질의학회. 187-246.

신재용(2001). **체질동의보감 - 체질 편**. 학원사.

윤상원 · 갈원모(2002). 사상체질과 작업특성 간의 실증적 상관관계 연구. 영동대학교.

이동웅(1998). **124가지 그림으로 보는 누구나 할 수 있는 체질감별**. 사상체질연구원.

이의주(2002). **태양인/소양인/태음인/소음인**. 집문당.

조성진(2004). 사상체질의학을 활용한 여성의 직업 성공 예측에 관한 탐색적 연구 - 보험설계사와 가전제품 판매사원을 대상으로 -. 충남대학교 경영대학원 석사학위는문.

조성진(2008). **코칭ABC**. 심포지움출판사.

허훈(2003). **사상체질로 본 성공 리더의 조건**. 거름.

황태연(2003). **사상체질과 리더십**. 들녘.

코칭에센스Coaching Essence는

파워웰빙 코칭 프로그램P · O · W · E · R Wellbeing Coaching Program의

가장 기초가 되는 핵심적인 부분입니다.

저자가 코치로서의 다양한 현장 경험과 국내외 문헌 검토 및
현장 실험 연구 등 학술적 검증 결과를 바탕으로
코칭의 보급과 확산을 목적으로 개발한
창의적이고 안전한 코칭 프로그램입니다.



♣ 코칭은 행복한 동행입니다. ♣

컨설팅 & 코칭그룹

# 씨앤씨글로벌

부설 아이캔코칭센터

## 씨앤씨글로벌은

코칭과 컨설팅을 통해
개인의 변화와 성장, 경력개발과 역량 향상, 그리고 삶의 질 향상 및
조직의 성과 향상, 조직문화 혁신 등을 지원하는
열정적이고 믿을만한 사람들의 공동체입니다.

## 아이캔코칭센터는

씨앤씨글로벌(주) 부설 코칭 전문 교육기관으로서
코칭을 통해 관계 개선, 성과 향상 및 행복한 삶을 살고자 하는 사람들과
조직을 돕기 위해 헌신하는
가슴이 따스한 사람들의 공동체입니다.

♣ 코칭은 행복한 동행입니다. ♣

## 저/자/소/개

- **조성진(曺成鎭)**

경영학박사(전공 : 인사조직, 세부 전공 : 코칭/리더십)
현, 중부대학교 교양학부 교수
 한국슈퍼바이저코치(KSC), 국제인증코치(ACC)
 한국인적자원개발학회 부회장/코칭연구회 회장
 한국코칭능력개발원 부원장, 충남코칭능력개발센터 회장
전, 여성가족부장관 위촉 라이프코치
코칭 관련 논문, 저서 및 코칭 프로그램 개발 다수
– 비즈니스코치/커리어코치/라이프코치/시니어코치 양성 프로그램
– 학습코칭/대학생진로코칭/청소년진로코칭/마음챙김코칭 등

## 코칭에센스

1판 1쇄 인쇄 — 2019년 8월 26일
1판 1쇄 발행 — 2019년 8월 30일

저　　자 - 조성진
발 행 인 - 강철원
발 행 처 - 양성원
주　　소 - 경기도 파주시 검산로 173번길 29-20
전　　화 - 031-946-3861(代)
팩　　스 - 031-946-3864
이 메 일 - tnwpub@naver.com
홈페이지 - tnwpub.co.kr
출판등록 - 2015년 8월 31일 제 2015-000211 호

ISBN 979-11-6126-219-2

정가 22,000원